Poes

Midas Dekkers

Poes
De poezenverhalen

2001
Uitgeverij Contact
Amsterdam/Antwerpen

De jaguar, *De postpoes*, *De etalagekat*, *De angora*, *De burmees*, *De lapjeskat* en *Het feestvarken* zijn eerder verschenen in *De beste beesten* (Contact, 1995). *De krolse kat* en *De koperwiek* zijn eerder verschenen in *De kikvors en de flamingo* (Contact, 1997). *De troetel* en *De kater* zijn eerder verschenen in *De mol en de baviaan* (Contact, 1997). *De huistiran* en *De heilige kat* zijn eerder verschenen in *De beste beesten 2* (Contact, 1997). *De kakmadam*, *De kroegtijger*, *De huiskat* en *De inboorling* zijn eerder verschenen in *De koe en de kanarie* (Contact, 1998). *De knijpkat*, *De slokop*, *Arie*, *Het lam Gods*, *De gekke kat*, *De kleine kat* en *De klerekat* zijn eerder verschenen in *De mandril en de gnoe* (Contact, 2000). *De oorschelp*, *De brompot*, *De boompoes*, *De tuinpoes* en *De Siamese kat* zijn eerder verschenen in *De koeskoes en andere beesten* (Contact, 2000). Alle overige verhalen verschenen in de *Varagids* en zijn nog niet eerder gepubliceerd in boekvorm.

© 2001 Midas Dekkers
Omslagontwerp Artgrafica
Typografie Adriaan de Jonge
ISBN 90 254 1288 2
NUGI 821
D/2001/0108/720

www.boekenwereld.com

Inhoudsopgave

Het Lam Gods 7
De brompot 10
De postpoes 13
Het hoogste dier 17
Het jonge poesje 20
De moederpoes 23
De rode poes 25
De lapjeskat 29
Het sardientje 32
Poesje mauw 35
De paria 38
De schone slaapster 41
De krolse kat 44
Felis enigmatica 47
De grijze kater 50
De oorschelp 53
De troetel 56
De Siamese kat 59
De huistiran 63
De tuinpoes 66
De klerekat 69
De etalagekat 72
De badpoes 75
De kroegtijger 78
Het feestvarken 81

De heilige kat 84
De koperwiek 87
De burmees 91
De slokop 94
De kater 96
De knijpkat 99
De jaguar 102
De boompoes 105
Kat van gescheiden ouders 109
De inboorling 112
De kakmadam 115
De angora 118
Het huisdier 121
De gesluierde schoonheid 125
De dakhaas 128
De gekke kat 131
De kleine kat 134
De huiskat 137
De smeerpoes 140
Arie 142

Het lam Gods

God is goed. De zon en de zee heeft Hij geschapen, de ochtendstond met het goud in de mond, het heerlijke tintelen in je buik toen je als kind iets stouts deed, de voldoening nadat je een roddel hebt verspreid, het lelietje-van-dalen en bovenal: de poes. Niet de mens maar de poes is Gods meesterwerk, met een maximum aan moeilijke verbindingen, subliem politoerwerk en een revolutionaire vering. Net als bij de oude gilden heeft zo'n meesterstuk maar één doel: een meesterstuk te zijn. Waar het verder voor dient, is een tweede. Een kostbaar kleinood. Het neusje zonder de zalm. Een poes hoeft niet te kunnen wassen of strijken. Een poes is je vrouw niet, een poes is je maîtresse.

Met een poes voel je je in de hemel. De vraag is of dat kan. In de hemel zijn geen dieren. Volgens de Openbaring van Johannes duldt God op Zijn troon alleen het Lam. Andere dieren hebben in de hemel geen toegang. Voor dwergkonijntjes, krokodillen, vlinders of Zuidoost-Aziatische zoetwater-kogelvissen is er geen plaats, zelfs niet voor het ezeltje dat Jezus en Zijn Moeder door de woestijn heeft gebracht. De hemel is als een dierentuin waar de dieren zelf bij gebrek aan geldig toegangsbewijs niet in mogen. Van zulke dierentuinen zouden er meer moeten zijn.

Dieren en planten zijn volgens de Kerk slechts geschapen als decor voor het menselijk toneel. Zodra het toneelstuk bij het laatste oordeel is afgelopen, kunnen decors en rekwisieten voorgoed worden opgedoekt. Zodoende hebben we in de hemel geen last van vlooien, teken, tapijtkevers, malariamuskieten, kakkerlakken en honden. Hond en hemel sluiten elkaar uit. Maar zonder poes wordt het ook niks. Wat moet je in een hemel zonder je maîtresse? Of op aarde. In de bijbel wordt zelfs op aarde al van geen poes gerept. De gekste beesten kom je in de bijbel tegen, van pratende slangen tot mensenetende walvissen, maar poezen ho maar. Geen wonder dat ons land ontkerkelijkt. Wie leest er nu een boek waar geen poes in voorkomt? Of is er een vertaalfout gemaakt, als bij zoveel bijbelse dieren? Is de poes die wel op aarde maar niet in de hemel voorkomt verward met een wezen dat wel in de hemel leeft maar niet op aarde? Nergens staat geschreven dat engelen in witte soepjurken rondvliegen op bordkartonnen vleugels. Misschien hebben engelen wel een zachte vacht met een lange staart, spelen ze geen harp maar spinnen ze en heb je behalve zwarte en rode ook lapjesengelen. Zouden er dan toch poezen in de hemel zijn?

Mijn hele leven ben ik hier benieuwd naar geweest. Ik kon dan ook nauwelijks wachten met doodgaan. Mijn laatste adem blies ik uit met een zucht van verlichting. Eindelijk zou ik het best bewaarde geheim van de hemel ontraadselen. De tocht duurde langer dan ik dacht, maar na een tijdje meende ik de hemel al te kunnen ruiken, zoals vroeger met je moeder in de duinen vanuit de verte al de zee. Een laatste wolk, een laatste nevelflard en daar was ze dan, de hemelpoort! Groot en met veel gouden krullen, zoals ik me altijd had voorgesteld. Gespannen liet ik mijn blik van boven naar beneden glijden. En ja hoor, het zat er, rechts onder in de hemelpoort: een prachtig poezenluikje.

God is goed. Maar gek is Hij niet. Je dacht toch zeker niet dat Hij elke keer weer die hele poort opendeed?

De brompot

De mooiste uitvinding van de negentiende eeuw is het troeteldier. Voor die tijd konden dieren ook weleens een aai of knuffel krijgen, maar dat was dan een bijbaan voor ze. Poezen en honden waren er in de eerste plaats om muizen te vangen en schapen te hoeden. In de negentiende eeuw pas konden ze zich geheel aan het houden-van en van-gehouden-worden wijden. *L'amour pour l'amour*. Het koesteren van huisdieren was een burgerdeugd geworden, zo geen burgerplicht. Een poes werd, in de taal van die dagen, een *'machine à aimer'*.

Zo oneerbiedig als het lijkt om je poes een machine te noemen, zo toepasselijk is het. Als je goed luistert, kun je de machine zelfs horen lopen. Hoe meer je poes liefheeft en lief wordt gehad, des te harder spint hij. Het is een verrukkelijk gehoor, goed geolied, een warm bad van geluid, besmettelijk geluk. Al wie oren heeft hij hore.

Lang niet alle machines zijn om lief te hebben. De meeste stoten je met herrie af. Straaljagers gieren, stofzuigers janken, vrachtauto's grommen. Zelfs een rijnaak maakt vandaag de dag lawaai. Waar is de tijd dat hij genoeglijk door het water pokte? Als jongens hingen we over de bruggen als er een sleper aankwam met een sliert vrachtschuiten. Tabaktabaktabaktabak. Een langzaamloper was dat. Niet de boot, maar zijn motor. Nog niet over zijn toeren gejaagd. Heerlijk rustig werd je daar ook zelf van. Tegenwoordig zitten de slepers zonder sleep, de pakhuizen zonder pak en de machinekamers vol gehuil. Schippers beschermen zich met oordopjes tegen hun eigen motoren. Met weemoed denken ze aan hun oude karretje. Zo'n oude motor, zei er een, daar kon je mee praten.

Motoren zijn natuurlijk niet om mee te praten. Werken moeten ze, voortstuwen, van Rotterdam naar Bazel en van Bazel weer naar Rotterdam. Maar ze zijn er wel, troetelmotoren. In scheepvaartmusea, op maritieme evenementen en op braderieën zie je er soms een staan, zo'n vrijgestelde: een losse motor die op zijn gemak wat staat te stampen en te roken, glimmend van de olie, de kleppen op en neer, het vliegwiel vrolijk in de rondte, een drom mensen eromheen als ooit rondom een beer die danste. Om vijf uur, wanneer het volk luwt, wordt de motor ingeladen en naar huis gereden, nog nagloeiend van de mooie dag. In de schuur wordt hij zorgvuldig toegedekt, de trouwe Kromhout, de lieve Lister, de brave Brons. Een *machine à aimer*.

Bij ons thuis hadden we niet zo'n motor. Niet eens een boot. Maar het geluk van het geluid kende ik al. Ik had een bromtol. Had je deze blikken reuzenhommel met enkele slagen van de drijfstang op gang gebracht, dan werd je beloond met het sonore gezoem van een bekeerde sirene. Brommen was het enige waar een bromtol voor diende, maar dat was genoeg. Een bromtol is de kleutertroost bij uitstek.

Inmiddels kan ik zonder tol. Behalve twee oliemotoren heb ik liefst vier poezen. Poezen lijken niet op tollen maar ze werken hetzelfde. Met regelmatige halen zet je je poes aan, eerst voorzichtig over het kopje, dan steeds langer strijkend over de rug, tot heel de poes snort en bromt en gonst van alle liefde die hij daar vanbinnen maakt. *La plus belle machine à aimer.* En dat je daar machinist van mag zijn.

De postpoes

Katten zijn uitzuigers. Wat ze niet krijgen, nemen ze en ze geven er niets voor terug. Paarden draven, honden waken en kippen leggen, maar een kat doet weinig voor de kost.

Toch zijn er poezen in vaste dienst. In Engeland natuurlijk. Daar houden ze, tegen een vaste vergoeding, de postkantoren vrij van muizen. Dat doen ze al sinds 1868, toen, na een proeftijd, drie poezen werden aangesteld op het Londense Money Order Office. Ze vingen er de muizen die de formulieren opaten en de ratten die zich door de jute postzakken heen knaagden. Maar al is een poes een postbode van nature aanzienlijk nader dan een hond, er volgde een eindeloos gehakketak over de salariëring van de aaibare ambtenaren. Zo hield Mr. Wadman in 1875 vol dat een sixpence per week voor het onderhoud van de postpoes te Southampton echt te weinig was. Alleen al de extra slijtage van zijn schoenen zou 'een kwart van dit bedrag opslokken' en als hij er na aftrek van alle kosten al iets aan overhield, 'zou dat amper voldoende zijn om hem te compenseren voor het verlies aan waardigheid bij het op straat ronddelen van kattenvoer in Harer Majesteits uniform'. Dergelijke argumenten ketsten echter af op de mening van hogerhand dat 'een kat zijn bestaan beter rechtvaardigt als hij ten dele op zijn eigen inspanningen is aangewezen'. In de jaren vijftig nog was het salaris 'a shilling a week and all the mice you can catch'.

In Nederland zijn katten hooguit onbezoldigd ambtenaar. Er mogen hier toch geen etenswaren worden verstuurd die muizen aan zouden kunnen trekken en onze postzegels zijn zo te proeven niet te vreten. Bovendien heeft een kat ook een nadeel. Al vangen alle Nederlandse katten bij elkaar misschien wel tien miljoen muizen per jaar, ze brengen ook zo'n tien miljoen vogeltjes om zeep, ofwel eenvijfde van onze hele avifauna, en muizen met veertjes eraan, die mogen nu juist weer niet dood van ons, tenzij het eksters zijn natuurlijk, maar leg dat een poes eens uit. Naast muizenvallen worden dan ook veel poezenvallen verkocht. Meer eten geven, zou dat niet helpen tegen al dat ongewenste vogelvangen? Nee, natuurlijk niet, evenmin als minder eten geven de Engelse poezen met meer ijver achter de muizen aan joeg. Het een heeft niets te maken met het ander; de drang om te jagen staat los van de etensdrang. Poezen zo volgegeten dat alleen hun staartje er nog uitsteekt, slepen zich met hun laatste krachten achter een muis aan om, na hun eetlust, ook hun jachtdrift te bevredigen.

U kent dat wel. Ook bij ons mensen neemt het verwerven van eten – recept uitzoeken, winkelen, bakken, tafeldekken en, vooral, het over eten lullen – veel meer tijd en aandacht in beslag dan het opeten zelf, en kookboeken maken ons het koken niet gemakkelijker maar juist moeilijker, verfijnder, ingewikkelder, met het gevolg dat een huisvrouw, alle keukenapparatuur ten spijt, nog niet zo lang in de keuken staat als vroeger.

Zelfs onze voortplantingsdriften zijn ontkoppeld. Seks en het verzorgen van kinderen waren vroeger onlosmakelijk met elkaar verbonden, maar nu, door de pil en zo, het een niet meer noodzakelijk uit het ander voortvloeit, loopt menigeen, seksueel geheel bevredigd, met zijn onaangesproken verzorgingsdrang onder de arm. Dáár komen poezen goed van pas. Poezen zijn parasieten, dat is waar, maar mijn God, wat is het heerlijk om van zó'n parasiet de gastheer te mogen wezen.

Het hoogste dier

Vroeger mocht je met je handen eten en hoefde je niet te tennissen. Alleen de hogere standen hadden bestek en een racket. Tot de lagere standen de hogere na-aapten. Dat doen ze wel meer. Heel dom. Zo heb je er nooit eens lol van dat je lager bent.

Soms zitten de lagere standen nog ergens aan vast als de hogere het allang weer zijn vergeten. Aan hun aquarium bijvoorbeeld. Wil je tubifex kopen voor je guppies, dan moet je in een volkswijk zijn. In mijn jeugd zaten er vissenplaatjes bij de sigarettenvloeitjes, niet om de sigaren. Deftige mensen hadden ook toen allang geen aquarium meer in huis. Die mode was in betere kringen al een eeuw over. Betere kringen hebben nu een vijver.

Een vijver is het domste aquarium dat ik ken. Je kunt er alleen van bovenaf in kijken. Allemaal ruggetjes. En je moet er nog voor naar buiten ook. De beste kringen keuren hun vijver dan ook geen blik waardig. Zij gaan al jaren naar verre landen om te duiken. Terwijl het klootjesvolk zich nog op de televisie vergaapte aan een kikvors met Frans accent die Cousteau heette, snorkelden de rijken al zelf rondom Hawaii en de Bahama's. Dit moet de ultieme visbeleving zijn: net of je zelf bij de vissen in je eigen aquarium zit.

Mij zeuren die duiktypes regelmatig aan mijn kop,

hoe mooi dat is, die onderwaterwildernis, waarin je zomaar tussen de dieren zwemt. Moet ik ook van ze. Maar ik wil geen snorkel, ik hoef geen luchtflessen. Zonder seks geen rubber pak voor mij. Ik zwem toch elke dag al tussen de dieren. Tussen de poezen. Mijn huis is mijn terrarium voor poes en mens. Voortdurend schieten er poezen tussen mijn voeten door. Je vraagt je dan ook af waarom poezen nooit getekend worden zoals je ze meestal ziet, van bovenaf, als een vijvervis in vogelperspectief. In plaats van een rug met oortjes zie je een poes op tekeningen steevast van voren of van opzij. Maar een poes blijft dan ook niet als een vis in zijn vijver. Poezen springen op tafels, hangen aan de gordijnen, geven je kopjes. Zo werken ze zich hogerop en kom je toch oog in oog, tête à tête. Alleen eten en drinken doen mijn poezen altijd op de vloer van de keuken. Maar dat is nu afgelopen.

Sinds kort krijgen mijn poezen hun water op tafel geserveerd, uit een metalen kelk die tot hun kin reikt. Vooral Floor is er dol op. Eerst zie je haar om de kelk draaien als een alcoholist die stomtoevallig een uur te vroeg in de buurt van zijn café beland is. Dan komt ze op het water af en steekt ze haar tongetje uit, maar niet dan nadat ze haar ogen heeft gesloten. Zo, met haar wenkbrauwen hoog opgetrokken, nipt ze als een deftig dametje van haar likeurtje. Soms nip ik voor de gezelligheid een kelkje mee. Maar zo nuffig als Floor kan ik het niet. Duidelijk is te zien dat ze maar één op de vier, vijf teugjes werkelijk slikt. En dat in opperste concentratie. Voor Floor is drinken een bijzondere beleving waar wij mensen niet aan kunnen tippen. In tegenstelling tot mensen hebben poezen op hun tongetje speciale papillen voor het proeven van water.

Om zo in de smaak van water op te gaan, moet je van goeden huize komen. Een poes behoort dan ook niet tot de lagere dieren zoals de aquariumvis of tot de hogere zoals een renpaard, een poes is het hoogste dier. Een poes is niet van een koning of een barones, een poes is van zichzelf.

Het jonge poesje

Hoeveel poezen moet je hebben? Meer dan een Nederlander in ieder geval. Die heeft er gemiddeld 0,1. Eentiende van een poes per Nederlander, dat is amper een voorpoot of een losse staart met een stukje bil eraan. Daar kun je je leven niet zinvol mee delen. Hoeveel poezen dan? Tien? Dat is te veel. Niet voor ons, maar voor hen. Poezen houden niet zoveel van poezen als wij.

Zelf hou ik het sinds jaar en dag op vier. Dat is voor de poezen goed te doen en geeft mij in huis toch de indruk constant door een zee van pootjes en staarten te waden. Op het moment is mijn populatie door twee sterfgevallen gehalveerd. Dat is erg. Maar het heeft één voordeel: ik mag eindelijk weer eens jonge poesjes nemen. Wil je van je huis geen asiel maken, dan moeten er eerst oude poezen dood voor er jonkies bij mogen. Hetzelfde geldt voor honden, witte muizen en kleurcavia's. Daar ziet iedereen de redelijkheid van in. Alleen bij mensen ligt dat anders. Eigenlijk zou je geen jongen of meisje moeten maken voordat hun opa of oma uit de weg is. Dat klinkt wat cru, maar na een goed gesprek zullen opa en oma zelf ook inzien dat het zo voor ons milieu het beste is. Of neem ze mee naar de dierentuin. Daar zitten ze met eenzelfde probleem. Om publiek te trekken moet je jonge beesten hebben. Tegenwoordig staat menig directeur in de lente wat dat betreft met lege handen. De jonge dieren zijn op. Ze zijn oud geworden. Dat krijg je van al die goede verzorging. Het resultaat zijn oude dieren, weinig mensen en een chagrijnige dierecteur. De mensen gaan liever naar een slechte dierentuin. Daar weten ze nog hoe je je dieren jong moet houden.

Mensen zijn dol op jonge dieren. Ik ben een mens. Al weken verheug ik me op de komst van de twee bestelde katjes. De ene moet eerst nog wat bij zijn moeder blijven, de ander zit nog in haar buik. Bij de gedachte alleen al krijg ik de wazige glimlach over me die je verder alleen bij zwangere vrouwen en licht verstandelijk gehandicapten aantreft. Ziet u binnenkort een middelbare man in het lentezonnetje als verliefd tegen twee poezenkleuters kirren, dan ben ik dat. Wat of ik later worden wil? Poezenpedofiel.

Jonge katjes geven een man de kans eens flink te moederen. Maar met volwassen katten gaat het ook. Steeds wanneer een poes en een mens samenkomen, wordt ook de stoerste matroos in de moederrol gedrukt. Volwassen poezen zijn daar in zoverre beter in dan jonkies dat ze qua formaat meer op een baby lijken. Onwillekeurig probeer je het steeds weer, je kat op je linkerarm te wiegen, als met een baby. De meeste katten maken je snel duidelijk dat hier sprake van een vergissing is. Maar ook als ze zich in je armen laten koesteren, volgt vroeg of laat de deceptie waarin poezen zo goed zijn. Van het ene op het andere moment willen ze niets meer van je liefkozingen weten. Als mens blijf je vertwijfeld achter. Maar dat is nergens voor nodig. Eenmaal volwassen doet een poes alleen alsof hij een jonkie is. Het is maar spel. En elk spel gaat vervelen. Dan wordt de poes even zijn volwassen zelf en gaat hij muizen vangen. Die deponeert hij dan bij de tuindeur als een cadeautje voor ons. Normaal doet een moederpoes dat voor haar kleintjes. Zo zijn de rollen ineens radicaal omgedraaid. En soms is van rollen zelfs helemaal geen sprake meer. Dan gaat je kat erop uit om kleine poesjes te maken.

De moederpoes

Poezen leven in het heerlijk poezenrijk. Mensen hebben daar slechts toegang op nadrukkelijke uitnodiging: een toegestoken neusje, een kopje als een zucht zo zacht tegen je benen, iets met een staartje. Dan mag je heel even naar binnen. Het best kan je ze daarbij aaien. Daar hebben ze ons immers voor.

Want wie aaide al die poezen op de wereld toen er nog geen mensen waren? Niemand. Poezen zelf kunnen het niet. Ze hebben geen handjes. Wat ze wel hebben zijn tongetjes en wat ze dus wel doen, en goed ook, is likken. Elkaar likken ze, zichzelf schaamteloos, hun jongen bovenal. Geaaid worden door mensen doet poezen denken aan gelikt te worden door hun moeder, vroeger. Een poes z'n mens is niet z'n baasje maar z'n mamma. Poezen zijn dan ook niet om te bevelen, ze zijn om lief te hebben.

Toch lijkt het soms of je poes naar je luistert. Aandachtig staart hij je aan wanneer je hem toespreekt. Contact! Totdat zijn oren hem verraden. Terwijl hij je recht aan blijft kijken, draait hij ze opzij of zelfs naar achteren. Zo valt hij lelijk door de mand, hij zit naar heel iets anders te luisteren, de slijmerd.

Nu ook weet je waar je die blik waarmee hij naar jouw praten kijkt eerder hebt gezien. Hij kijkt met de blik van een televisie-interviewster die slechts aan de volgende vraag denkt. Bemoedigend knikt ze de geïnterviewde toe. Die zevert steeds ongeremder door en merkt het niet meer wanneer haar hoenderachtige kopknikken in een heftig jajanuwetenwehetwel-gezwaai is omgezet. Zij weet haar vraag weer en hij voelt zich lelijk onderuit gehaald wanneer ze in zijn eerste adempauze toeslaat: ze draait haar oor van hem af.

Met een echt oor kan alleen een poes dat, maar de interviewster heeft een microfoon in haar hand en laat haar slachtoffer de keus uit slechts twee mogelijkheden: voor de huiskamer onhoorbaar doorzwammen, als een vis op het droge, of zijn mond houden tot de interviewster hem haar elektrisch oor weer leent. De machteloosheid waarin de geïnterviewde verkeert, is de poezenliefhebber maar al te goed bekend als het gevoel dat over je komt wanneer poes het broze contract tussen de mens- en poesheid weer eens eenzijdig opzegt en zonder nadere verklaring afspringt van de schoot waarop je hem meende juist zo ingrijpend te verwennen. Een misverstand. De volgende ochtend pas dringt het tot je door dat een poes net zo liefderijk naar een blikopener als naar jou kan kijken.

Het misverstand is wederzijds. Wij zijn zijn moeder, begrijpt onze poes. Wat anders dan een moeder verstrekt melk en schoot? Maar raar doet mams wel. Juist het intiemste contact wijst ze af. Wanneer hij met zijn staartje stokstijf overeind om aandacht jengelt, gedraagt een poes zich als een kitten dat zijn goddelijk aarsje aan zijn poezenmoeder ter inspectie aanbiedt. Het is de ultieme invitatie uit het poezenrijk. Een aai is hier onvoldoende, zo niet beledigend; poes wil een lik. Dáár.

Zo'n uitnodiging zou geen mens mogen afslaan. Voor straf zit hij levenslang uit in het mensenrijk.

De rode poes

Het grootste wonder van het leven op aarde is dat poezen altijd bij de gordijnen en het bankstel kleuren. Of het nu Oisterwijks eiken is of marmer met staal, elk interieur knapt op van een poes. Een poes misstaat nooit.

Dit in tegenstelling tot een kind. Met de moderne kindermode kan één kind al een heel interieur bederven. Het vloekt. Daarom moeten kinderen zo vaak buiten gaan spelen.

Poezen niet. Dat hebben ze aan hun natuurlijke tinten te danken. Zelfs fokkers kunnen daaraan niets bederven, hoezeer ze ook hun best doen. Omdat er aan de constructie van een poes zo weinig valt te sleutelen – je krijgt toch nooit een mops- of herderspoes – leggen kattenfokkers zich toe op de tinten. Katten fokken is katten kleuren. De ene kleur is moeilijker dan de andere. Zo heb ik een poes die amper bestaat. Zij is de liefste voor wie ik mijn lier laat klinken, mijn Beatrice, mijn Dulcinea, mijn Julia. Ze is rood en ze heet Arie.

Dierenarts Blok uit Ophemert heeft haar indertijd als kater ingeschreven. Rood hoort, vond hij kennelijk, kater te zijn; een rode poes is zoiets als een vrouw met een baard. Maar vrouwen met baarden bestaan, al zijn ze zeldzaam, en rode poezen ook.

Rode poezen zijn moeilijker te maken dan rode katers omdat het erfelijk materiaal dat rood haar oplevert op het X-chromosoom ligt en daarvan heeft een vrouw er twee, zodat de opdracht 'maak rood haar' van het ene door het andere X-chromosoom kan worden tegengesproken. Bij een mannetje kan dat niet, want die heeft er maar één. Vrouwtjespoezen worden alleen rood als zowel het X-chromosoom dat ze van hun vader hebben gekregen als dat afkomstig van hun moeder het wil. Om een rode poes te maken heb je zowel een rode vader als een moeder met rood erin nodig, en dan nog lukt het lang niet altijd. Maar het resultaat mag er wezen. Als een rode wolk fleurt Arie ons huis op.

Omdat ze zo mooi zijn, hebben rode poezen en katers zich toegang tot de duurste interieurs verschaft. Andere dieren hebben hun prachtig rood met de dood moeten bekopen. De mooiste rode verfstof, karmijn, komt van een dier: de cochenilleluis. In Mexico leverde dit insect de indianen watervaste oorlogskleuren en hun overwinnaars, de Spanjaarden, protserige legeruniformen. Later is de luis, samen met de cactus waarvan hij leeft, over de halve wereld verspreid, tot in Zuid-Frankrijk en op de Canarische Eilanden toe.

In dit geval kwamen juist alleen de vrouwtjes in aanmerking omdat zij het mooist rood waren. Om één kilo karmijn te maken, werden 150.000 vrouwtjes in kokend water gegooid of als een tortilla geroosterd. Het was dan ook een mooie dag voor de luizen toen synthetische kleurstoffen zoals aniline werden ontdekt. De prijs van een kilo karmijn zakte een eeuw geleden tot één gulden en daar kun je zo'n massaslachting niet van betalen. Momenteel zit karmijn alleen nog in kleurstoffen voor microscooppreparaten, in bepaalde kersenbonbons en in dure lipsticks. Een zoen van een dure dame is een likje luizenlijkjessap.

Geef mij maar een neusje van Arie. Mijn lievelingskleur heeft vier pootjes en spint. En bedelft het bankstel onder de poezenharen. Prachtig rood, dat is niet te ontkennen, maar het mooist zijn ze toch met de poes er nog aan.

De lapjeskat

Vroeger was ik dood. Tot halverwege deze eeuw was ik al miljoenen, miljarden jaren dood, en morgen of over een halve eeuw ga ik het weer, maar dan voorgoed. Voor mij maakt dat een groot verschil, voor u niet. De mensen om me heen zien van mij toch alleen de buitenkant van huid en haar, en daar heeft nooit echt leven in gezeten. Overal waar het lichaam rechtstreeks aan de lucht is blootgesteld, sterft het af. Het verhoornt, verschubt, verhaart. Alleen als iemand steeds z'n mond open laat hangen, vang je een glimp op van de ware, levende mens; maar dat vinden we nu juist zo onfatsoenlijk.

Ons doodste deel, dat is ons haar. Aan de wortel, in het haarzakje, daar rommelt nog wel wat, maar de haar zelf is een morsdood staafje hoorn. Strijk uw geliefde opwindend door de haren en u blijkt een necrofiel; aai liefderijk uw kat en u streelt een levend lijk. Verharen ze, dan ligt het huis vol dode stukjes lief of kat. Volgens de biologen doen katten dat tweemaal per jaar, verharen, in het voor- en in het najaar, waaruit maar weer eens blijkt dat je niet alles wat biologen zeggen, moet geloven. Bij mij ligt het huis elke dag onder de kattenharen en het verbaast me na al dat vachtverlies elke ochtend weer dat mijn katten niet flink zijn geslonken. Kennelijk is elke uitgevallen haar alweer door een nieuw exemplaar vervangen en het kan niet anders of het raadselachtige spinnen van een kat is in feite het ijverige snorren van zijn op volle toeren draaiende haarfabriek.

Bij mensen is deze duidelijk minder actief. Nog geen derde millimeter groeien onze haren per dag; dat is twee millimeter in de week, één centimeter per maand, twaalf centimeter in het jaar. Met deze vinger-lang moeten vele duizenden kappers in het land zich het hele jaar zoet zien te houden; vandaar al die malle modes en modellen. Maar belangrijker dan die kapsels zijn nog steeds de tinten. Mensen worden op kleur gestorteerd. Op grond van hun reeds gestorven delen worden mensen in zwart, blank of geel verdeeld en vrouwen in brunettes, rooie stoten, zwarte schonen en blondines. Zo blijkt de indeling van de mensheid even eenvoudig als die van de katheid in zwart, wit, rood en – als equivalent van ons peper-en-zout – het meest ontroerende: de lapjeskat.

In zo'n door haren gedomineerde wereld kan kaalheid nogal vervelend zijn. Mét je haar verlies je je identiteit. Sommige mannen overkomt dit al vrij jong, zij het niet algeheel. In veel gevallen hebben mannen haar op de gekste plaatsen, behalve op het hoofd. Een meisje dat bang is binnenkort met zo'n vroegkale voor gek te lopen, moet in het fotoalbum van haar aanstaande schoonfamilie kijken. Was schoonpapa vroeg kaal, dan wordt zijn zoon het vijftig procent zeker ook. Het beste echter kan ze kale schoonpapa eens over zijn kale bol aaien. Die is niet echt kaal; er zitten hele fijne donsjes op, van hetzelfde type als bij een pasgeboren baby, heel wat subtieler dan het gebruikelijke grote netwerk van dode hoornstof, iets voor de echte liefhebber: weinig maar lekker, de *nouvelle cuisine* van de schedelbedekking. Veel kleur hebben ze natuurlijk niet, die kale koppen, maar dat is iets voor later zorg, voor veel later, wanneer je weer helemaal dood bent.

Het sardientje

Katten zijn kieskeurig. Smaken en merken kattenvoer houden ze uit elkaar als een wijnzeur zijn chateaux en jaren. Anders dan mensen maken katten echter zelf uit wat een delicatesse is. Mijn eigen Bart blieft alleen blikjes met sardines erin. De prijs doet er niet toe. Brokjes daarentegen lust hij alleen van een speciale firma ergens ver weg, veel te duur, alleen verkrijgbaar in enorme balen waar ik me een breuk aan sjouw. Pogingen om hem iets anders te laten lusten zijn ver uit de kust gestrand. Je hoort wel van mensen dat je zulke kieskeurige katten gewoon iets anders voor moet zetten, elke dag weer, zonder pardon, consequent, tot ze er van louter uitgehongerdheid aan wennen. Zulke mensen hebben geen verstand van poezen. Zoiets verlies je. Een poes sterft liever. Daar ben ik van overtuigd. Maar de proef op de som heeft nog nooit iemand genomen. Halverwege de opvoeding blikt je poes je stil verwijtend door je ziel. Ziet u iemand een minuut na sluitingstijd vertwijfeld op de ruit van de buurtsuper tikken, dan ben ik het, in de hoop nog een blikje te pakken te krijgen MET EXTRA SARDINES.

Wat je poes echt het liefst eet, dat kom je in geen winkel aan de weet. Nergens kun je gewoon een blikje muis krijgen of hapklare brokjes spreeuw, kolibrie, eekhoorn of bromvlieg. Als je de blikjesfabrikanten mag geloven, eten poezen van nature koe of lam. In werkelijkheid kunnen ze zo'n prooi helemaal niet te pakken krijgen; een sardientje is ze nog te moeilijk. Waarom is er nergens iets te koop wat katten uit zichzelf zouden eten? Je geeft je konijn toch ook geen karbonade, een koe geen boterham met kaas?

Gezien het enorme assortiment en de miljardenomzet van de blikjesindustrie is het onbegrijpelijk hoe weinig we weten van het natuurlijke kattenmenu. Af en toe lees je in de krant hoeveel vogeltjes een kat per jaar wel niet verschalkt. Dat zijn er dan tien of twintig of dertig of veertig of vijftig, al naar gelang de ijver van de onderzoeker. De lezers worden geacht ontzet te reageren. Al die geknakte veertjes! Die verweesde jonkies! Dat zieltogen! Moordenaars zijn het, die kat ten. Ondertussen timmeren de mensen verwachtingsvol nestkasten voor koolmezen en ander gespuis dat er per broedseizoen al gauw een emmer rupsen doorheen jaagt. Stel je voor dat je een rups bent. Eerst was je een eitje dat uitkwam en at en at en at en nog eens at, temidden van alle gevaren, om ooit je droom waar te kunnen maken en te vliegen als een vlinder, hoog in de blauwe lucht, en dan komt er zo'n klotekoolmees die je levend opeet, met huid en haar, net als je zusjes en je broertjes en je neefjes en je nichtjes, een massaslachting zonder weerga. Moordenaars zijn het, die mezen. Elke mees minder is duizend vlinders meer.

Niet alle prooi die een poes vangt, wordt ook gegeten. Spitsmuizen blijven voor de tuindeur liggen als een opengemaakt maar verder onaangeroerd blikje. Het was je kat puur om het jagen te doen. Leuker om te zien is een kat die voor het eerst een pad tegenkomt.

Padden zijn niet te vreten. Op hun rug hebben ze wratten vol gif. Katten die een pad hebben gepakt, lopen vaak nog uren kwijlend van ellende rond. En mensen? Mensen vragen steeds weer aan biologen of je een pad wel veilig op kunt pakken. 'Ja,' zeggen verstandige biologen tegen zulke mensen. 'Ja, een pad kun je gerust optillen, met je blote handen. Als je er maar niet te veel van eet.'

Poesje mauw

Poezen mauwen. Als ze in Holland zijn tenminste. Een poes in Engeland *mews*, in Italië *miagolaren* ze en een Zweedse kat zegt *jam*. Ook honden spreken zo hun talen. Die *barken* in het Engelse *woof*, *aboyeren* in het Frans *ouap!* of *skällen* op z'n Zweeds *skäll*. Zou Esperanto uitkomst brengen? Niet veel: mauwen is in het Esperanto gewoon miaui, maar waf, waf is opeens *boi, boi*. En dan te bedenken dat er alleen al van het Nederlandse mauwen verschillende vormen zijn. Behalve het vriendelijke, korte 'mauw' waarmee hij je 's ochtends groet, kent elke Hollandse kat een langgerekt, herhaald 'miááááááááw, miááááááááw' om je tot het vullen van bakjes, schalen en schotels aan te sporen.

Maar hoe je het ook spelt, één kattengeluid is universeel: het spinnen. Het Nederlandse woord hiervoor is afgeleid van het spinnen op een spinnewiel en daar heeft het geluid inderdaad veel van weg. In de oorlog had je trouwens een met de hand aangedreven zaklantaarn, de knijpkat, die er ook wat van kon, zij het dat hij een heel ander geluid maakte dan een kat waarin je knijpt. Kenmerkend voor het spinnen zijn het ritmisch aanzwellen en weer afnemen, de hallucinerende monotonie en de laagheid van toon. Katten spinnen op een toonhoogte zo laag dat we hem maar net kunnen horen, maar dat is nu juist zo prettig, net of je zelf meevibreert. Als ik een warenhuis had, liet ik in plaats van de muzak over alle verdiepingen een warm gespin weerklinken, *live* voor de microfoon gebracht door speciaal daartoe verwende rode katers. Wat zou mijn omzet stijgen! Of wat let ons één van al die commerciële radio-popstations om te bouwen tot spinzender, vierentwintig uur per dag paraat met gouwe ouwe poezen?

Biologen verbazen zich al jaren over het gespin van poezen. Ze weten nog steeds niet precies waar het vandaan komt, hoe het zowel bij het in- als het uitademen kan worden voortgebracht en vooral: waartoe het dient. Jonge poesjes laten hun moeder met hun gespin weten dat alles kits is daar aan de tepels, maar wat in godsnaam vertellen oude, kinderloze poezen er hun zonbeschenen vensterbank mee? Er gaat veel tevredenheid van uit, een hoge mate van geborgenheid, dat soort zaken, natuurlijk ja, maar dat verklaart bijvoorbeeld niet waarom, zoals elke dierenarts je kan vertellen, zoveel poezen spinnend doodgaan.

Jarenlang heb ik de poezen om hun bijzondere gave benijd, tot ik besefte dat elk mens haar ook heeft. Alleen noemen wij het anders: het spinnen van mensen heet neuriën. Het is dan ook geen toeval dat dit woord zoveel weg heeft van het Frans voor poezengespin: *ronronner*. Neuriën of *ronronneren*, het zijn dezelfde klanken, diep uit de keel, vooral als ze met de mond dicht worden voortgebracht, zodat het geluid rechtstreeks, binnendoor, van je strottenhoofd naar het gehoororgaan in het rotsbeen doorzoemt.

En waaróm neuriet een mens? Omdat hij behoefte aan gezelschap heeft. Wie in z'n eentje neuriet, is nog steeds alleen maar lang niet meer zo eenzaam. Neuriën sust, vertroost, bant kwade gedachten uit. Het is de ideale bezigheid voor iedereen die even zonder poes zit. Moederziel alleen maar neuriënd, ben je altijd nog beter af dan zwijgend samen met je hond. Want een hond, dat weet je, daar heb je als puntje bij paaltje komt niks aan; een hond spint van geen kanten.

De paria

Kinderen zijn niet goed bij hun hoofd. Ze hebben geen flauw idee wat muziek is, beschouwen pindakaas als een delicatesse en denken echt dat Harry Potter het hoogtepunt van de wereldliteratuur is. Wie ook niet goed bij hun hoofd zijn, dat zijn katten. Die sprinten zonder enige aanleiding door de kamer alsof ze door een geest worden nagezeten, halen hun neus op voor het duurste kattenvoer van een hun onbekend merk en likken desondanks even later met hun delicate tongetje het goorste straatvuil tussen hun tenen uit. Kinderen en katten zijn gek. Het enige verschil is dat het bij kinderen overgaat. Die worden volwassen, net als u en ik. En u en ik, wij zijn niet gek. Toch?

Kinderen kun je opvoeden. Daar worden ze minder gek van. Hoop je. Zelf maakt het je juist gekker. Een stel kinderen kun je geen moment alleen laten. Ze slaan elkaar bont en blauw en pakken elkaars speelgoed af terwijl het enige wat ze willen spelen de baas is. Tegen beter weten in probeer je ze de eerste beginselen bij te brengen van vrijheid, gelijkheid en broederschap. Om het goede voorbeeld te geven, zeg je dat al je kinderen je even lief zijn. Er is geen kind dat zo'n aperte leugen gelooft, alleen ouders trappen er nog weleens in.

De meeste mensen beschouwen hun katten als hun

kinderen. Ze leveren dan ook dezelfde problemen op. Als je er een stel hebt, zitten je katten elkaar regelmatig in de haren. Ligt de een vredig te slapen, krijgt hij van de ander een oplawaai. Zomaar. Genadeloos wordt de ander door de een van zijn lievelingsplekje gegrauwd. Op de tuinmuur wordt elke overtreding van de voorrangsregels streng afgestraft. En heb je meer dan twee poezen in huis, dan is er altijd wel een de gebeten hond. Nooit mag die wat de anderen mogen, altijd moet hij op zijn beurt wachten en terwijl de andere drie lekker tegen elkaar aan soezen, moet de vierde in zijn eentje op de koude vloer liggen. Uit het gedragsonderzoek van Paul Leyhausen herinner ik me de aangrijpende foto van zo'n pariapoes, die door zijn medekatten was verbannen naar een plekje op een verwarmingsbuis, waar hij niet eens af durfde om naar de bak te gaan. Zelf heb ik ook weleens een verschoppeling gehad. Natuurlijk geef je hem wat extra aandacht, wat extra eten, een eigen kussen voor het raam. Je wilt hem laten merken dat al je poezen je even lief zijn. Maar daar maak je het alleen maar erger mee. Wam! Daar krijgt de verschoppeling een extra schop. Je hebt de orde verstoord. Hun orde. Als poezen ergens het land aan hebben, is het wel aan gelijkheid. Wat heb je aan liefde als een ander evenveel wordt liefgehad?

Het beste is het je niet met de onderlinge betrekkingen van je poezen te bemoeien. Dat zijn binnenlandse aangelegenheden. En welke staatsvorm ze ook hebben in poezenland, democratie is het niet. Zo gek zijn poezen nu ook weer niet. In mensenogen mogen poezen onnozele kinderen lijken, in zijn eigen ogen is een volwassen kat waarschijnlijk hoogst intelligent. Misschien wel zo intelligent dat het hem niks uitmaakt hoe slim hij is. Maar zeker weten doen we zoiets nooit, want het is duister lezen in andermans boeken, zeker als het gaat om poezen, voor wie, nog meer dan voor honden, de woorden opgaan van Groucho Marx: Buiten een poes is een boek de beste vriend van de mens; binnen een poes is het te donker om te lezen.

De schone slaapster

Een poes verslaapt tweederde van zijn leven. De overige eenderde brengt hij door met ons het eten uit de mond kijken, verharen, naar buiten willen als hij binnen en naar binnen willen als hij buiten is en de indruk wekken dat er heel wat in hem omgaat. Wat aan leven rest – eenderde van eenderde – is om zich te likken. Een poes wast zich meer dan twee uur per dag. Je wordt stinkend jaloers als je ziet waar hij allemaal wel niet met zijn tong bij kan. Vaste haren worden daar schoon van, losse haren worden ingeslikt, zodat ze niet aan het bankstel blijven hangen, maar te zijner tijd op de vaste vloerbedekking worden uitgekotst.

Een lik is een aai met spuug. Een aai is lekker, spuug is vies. Het is moeilijk je iets smerigers voor te stellen dan dat iemand je van korte afstand recht in je open mond spuwt. En toch zit ons eigen spuug daar zonder problemen, in onze mond, boven op de gevoelige smaakpapillen. En daar blijft het als regel, want om ons te wassen als een kat hebben we domweg te weinig spuug, al zou je dat niet altijd zeggen als je bij een lezing op de eerste rij zit. Er is soms niet eens genoeg van om mee te eten. Dat is met een proef te bewijzen. Neem maar eens een pak cream crackers en wed hoeveel daarvan u achter elkaar naar binnen kunt werken. Eet en verlies. De eerste cracker gaat gemakkelijk naar binnen, de tweede wordt al lastiger en slechts enkele crackers later moet u de inzet uitbetalen. Dat je er maar zo weinig achter elkaar op kunt, komt doordat de speekselklieren ze niet goed genoeg smeren. Poezen daarentegen hebben speeksel zat. Ze wassen zich er niet alleen mee, ze koelen zich er zelfs mee af. Op warme dagen houdt de verdamping van het spuug op hun vacht hun temperatuur op peil. Vandaar dat ze dan meer drinken, maar ook minder plassen, wat weer scheelt in het kattenbak verschonen.

Mensen hebben ook waterkoeling, maar dan met zweet in plaats van spuug. Als het warmer wordt, gaan we meer zweten. Dat is te voelen en te ruiken. Zweet op zich stinkt niet, maar de bacteriën die ervan drinken, worden daar zo winderig van dat ze goed te ruiken zijn, vooral onder de oksels, waar veel zweetklieren zitten. De beste remedie is scheren, want mét de okselharen raken de bacteriën hun houvast kwijt. Maar het gaat niet alleen om je oksel. De meeste zweetklieren zitten onder je voeten. Daar hoef je je niet te scheren, want haar zit er nauwelijks, maar het gekke is dat mensen het daar juist harig maken. Om de voet doen ze een schapenharen of geitenharen sok, die vervolgens luchtdicht in een schoen wordt opgesloten. Elke dag blijft zo per voet een theekop vol zweet staan, die tijdens het lopen, samen met leerluchtjes en huidschilfers, door de bacteriën in het muffe duister wordt gekarnd tot de gevreesde tenenkaas.

Hoewel de Schepper in een barmhartige bui onze neuzen zo ver mogelijk van onze voeten heeft gemonteerd, hou je met zweetvoeten gemakkelijk een coupé vol mensen op ruime afstand. Poezen daarentegen lok je er juist mee aan. Vuile sokken zijn voor hen een traktatie. Omdat ze zelf wel zweten aan hun voetjes, maar geen sokjes en schoentjes hebben om er zelf mee te kazen, leven ze graag aan onze voeten. Erger u dan ook niet te zeer, wanneer een volgende keer een man met zweetvoeten uw pad kruist; misschien is het gewoon iemand die erg veel van katten houdt.

De krolse kat

Een nieuwe lente en een oud geluid. Er zit een krolse kater in ons huis, een vreemde, die ons huis met een doordringende geur als het zijne gemarkeerd heeft en boven in de nok wacht, onbereikbaar voor bezemsteel of waterpistool, tot wij onze biezen pakken.

Wat behalve de stank tegenstaat, is het hondse van het hitsig plasgedrag. Hoe leg je de hond in de kat het zwijgen op? Castratie helpt in zevenentachtig procent van de gevallen, maar dan moet je de kater eerst te pakken krijgen en dat is nu juist het probleem. Bovendien is hij, voor zover een kat al van iemand kan zijn, in ieder geval niet van mij.

In hardnekkige gevallen van machteloosheid verzint een mens zelf zijn troost. Weliswaar stinkt mijn hele huis naar kat, maar stel je voor dat je ook gewone hondenpis zou kunnen ruiken. Waarmee zouden we onze straten moeten verlichten als honden elke lantaarnpaal in een ook voor ons ruikbare geurvlag zouden veranderen? Gelukkig zijn onze zintuigen ontoereikend om de welriekende correspondentie van andermans viervoetige vrienden op te vangen. En niet alleen de hunne. Stel je voor dat we alle territoriumluchtjes van alle dieren – muizen, eekhoorntjes, slakken, olifanten – zouden ruiken. Er zou geen mens meer naar bos en hei gaan, natuurbescherming zou geen lid overhouden, bosbranden zouden worden toegejuicht.

Hoor je in de biologieles de lof zingen van de scherpte van onze zintuigen, je zou je beter kunnen verheugen in alles wat we niet horen, zien of ruiken. Alle navigatiekreetjes van alle vleermuizen, het nachtenlang geritsel van het bronstig bos, de liefdesluchtjes van de muskusrat, ze blijven ons bespaard en ook onszelf horen, zien of ruiken we niet zo. Toch zijn in ons lichaam even onsmakelijke als luidruchtige processen gaande, vlak onder onze ogen, oren en neus. Het drilt er en bubbelt, rispt op en meurt. Wie op het toilet bekijkt wat naar buiten komt, kan zich een flauwe voorstelling maken van wat zich binnen afspeelt. Niet alleen de spijsvertering sopt en reutelt, ook ademhaling en bloedsomloop gaan met misbaar gepaard. Hoe is het mogelijk dat onze oren, diep in ons rotsbeen ingebed, zonder stethoscoop daar niets van horen? Dat is te danken aan de Schepper, die ons genadig is geweest. Onze oren zijn zo gebouwd dat ze voor de lage tonen van ons binnenste niet gevoelig zijn. Bovendien zijn de bloedvaten zo omgeleid dat ons het hels gebonk van de polsslag bespaard blijft. En ook de geurtjes waarmee onze seksuele opwinding gepaard gaat, zijn voor onze neuzen zo onmerkbaar dat het verblijf in een discotheek best prettig zou zijn als er niet zo'n kolereherrie werd geproduceerd.

Jammer is alleen dat de Schepper onze zintuigen niet meer heeft kunnen leren censureren op prikkels van na zijn tijd. Wat zou het heerlijk zijn om ogen te hebben die Mart Smeets niet kunnen zien, oren die Youp van 't Hek niet horen, een neus die ongevoelig is voor aftershave. Ik nam de kattenpislucht met genoegen op de koop toe.

Felis enigmatica

Waarom spinnen poezen – althans sommige – wanneer ze doodgaan? Hoe slagen poezen er zo vaak in niks te doen en je toch te ontroeren, wat verder voorbehouden is aan een slapend kind? Wat doen poezen als je er niet bij bent? Wie denken poezen wel niet dat ze zijn? Wat bezielt een kat?

Het wordt me vaak gevraagd. Maar hoe zou ik dat moeten weten? Ook voor mij is een poes een vraagteken. Maar dan wel het heerlijkste vraagteken dat er is: eerst de staart als een goddelijke krul en dan, als punt eronder, dat pronte wonderkontje. Een vraag om je eeuwig in te verdiepen. Een poes laat je altijd in onzekerheid achter.

Komt een hond op je af als een uitroepteken, een bevel tot aanhouding, het vraagteken van een poes is een aanzoek. Een poes herinnert je aan de woorden van de wijsgeer Maimonides. Er zijn, zei hij in de twaalfde eeuw, drie soorten ellende die je kunnen overkomen. De eerste soort is de schuld van je lichaam. Omdat hij behalve wijsgeer ook arts was, wist Maimonides daar alles van. Toch beschouwde hij lichamelijke kwalen als zeldzaam vergeleken bij de tweede categorie, de ellende die de mensen elkaar aandoen, zoals oorlog en misdrijf. Maar die was weer zeldzaam vergeleken bij de derde categorie: de narigheid die een mens zichzelf op de hals haalt. Hiertoe behoren vooral de bange vragen waarmee hij zichzelf heel de dag kwelt en vaak ook heel de nacht. De bangste is de vraag wat de andere mensen van je denken. Voortdurend proberen we onze slechte eigenschappen te verbergen en de goede uit te stralen. De wens om goed of mooi te zijn verzinkt in het niet bij de wens om goed of mooi te worden gevonden. De spiegel is belangrijker dan het beeld.

Dit is het zwak van de mensheid dat door de poesheid wordt geëxploiteerd. Wat denkt je poes van je, dat is de vraag die de liefde van de mensen voor poezen brandend houdt. Houdt hij echt van je? Net zoveel als jij van hem? De vraag zindert, maar al overlaad je je poes met liefkozingen, al prijs je zijn fonkelende ogen en zijn muizenvangvaardigheid de hemel in, nooit krijg je het bevrijdende 'ik ook van jou' te horen. Juist daardoor gaat de gemiddelde poes langer mee dan de gemiddelde geliefde. Met een vraagteken valt beter te leven dan met een punt.

Toch is er ook een vraag over poezen waar ik het antwoord wel op weet en dan nog wel een vraag die algemeen als een mysterie wordt beschouwd. Het is de veelgehoorde vraag waarom poezen van tijd tot tijd plotseling in de lucht beginnen te staren, zomaar, de ogen gefixeerd op een voor normale stervelingen onzichtbaar iets dat ze dan zonder enige aanwijsbare oorzaak beginnen na te jagen, dwars over tafels en stoelen, door roeien en ruiten, trap op trap af, tegen de muren, de gordijnen in, om dan, alsof er nooit iets gebeurd is, weer op de bank in slaap te vallen of een kennelijk ernstig vuil geworden lichaamsdeel te be likken. Wat zijn dit voor hersenschimmen? Beschikken poezen over een derde oog? Probeert de tijger in de poes zich een weg naar buiten te banen? Is het een religieuze handeling? Ziet een poes ze vliegen?

Waarom doet een poes zo gek? Daar kan maar één verklaring voor bestaan: een poes *is* gek. Altijd al. Van zichzelf. Als je daarvan uitgaat, is de omgang opeens een stuk gemakkelijker. Behandel je poes of hij geestelijk gestoord is. Dat doet hij jou toch ook?

De grijze kater

'Zwartje wordt grijs,' vertelde een vriendin. Zelden is de ouderdom zo bondig aangekondigd. Het trof me onverwacht. Ook katten bleken dus vergankelijk. Ook katten kunnen grijs worden, gaan slecht zien en krijgen almaar last van koude voeten.

Een verschil met ons is dat katten lang niet zo lang oud worden. Hun oude dag duurt maar een jaar. Terwijl wij na een jeugd van een derde mensenleven en een derde leven belasting betalen steeds vroeger aan onze oude dag van nog eens een derde mensenleven beginnen, is een poes maar een tiende deel van zijn leven aan zijn jeugd en nog eens een tiende aan zijn ouderdom kwijt. De enigen die op zijn oude dag een Zwitserlevengevoel krijgen, zijn de muizen die niets meer te vrezen hebben.

Een ander verschil is dat er geen bejaardepoezenhuizen zijn. Opvang voor onbehuisde en asielzoekende poezen, die is er wel, maar bejaarde poezen hoeven niet opgevangen. Terwijl oude mensen van huis en haard verdreven in conversatiezalen zitten te zwijgen en zich tot de dood erop volgt de billen door vreemde snotneuzen met ringetjes in de oren laten wassen, spinnen hoogbejaarde poezen op hun eigen kussen bij onze voor hen opgestookte huiselijke haard.

Aan oude dieren zijn we, anders dan aan oude mensen, trouw tot de dood ons scheidt. Al moet daarbij wel worden gezegd dat we die dood weleens een handje helpen. Afmaken heette dat vroeger, of inslapen. Sinds we het ook bij mensen doen, heet het euthanasie. Dat is een moeilijk woord voor iets nog moeilijkers: zelfmoord door een ander.

Natuurlijk zitten er aan euthanasie op mensen meer haken en ogen dan aan die op dieren. Maar ook tussen dieren onderling bestaan er verschillen in moeilijkheidsgraad. Honden bijvoorbeeld zijn moeilijker dan poezen. Met een hond voelt de laatste gang naar de dierenarts eerder als verraad. 'Hij sloeg zijn trouwe ogen op,' zong de Zangeres zonder Naam, 'en stond mijn hand te likken. Het was alsof hij zeggen wou: dat had ik nooit verwacht van jou. 'k Stond als een kind te snikken.' Waren de rollen omgedraaid, dan had een hond jou dit nooit aangedaan. Hij was tot het laatst voor je door het vuur gegaan en sterft een baasje onverhoopt toch, dan wordt zijn hond geacht zijn laatste levensdagen treurend op het graf van zijn meester door te brengen. Bij poezen is dat anders. Die redden in geval van nood alleen zichzelf en verwelkomen na het overlijden van hun baasje elke opvolger met goedgemikte kopjes.

Dit gebrek aan loyaliteit is de poezen eeuwenlang opgebroken. Terwijl honden zich vanuit hun hok of schaapskudde in de huiskamers drongen, gold een kat tot ver in de vorige eeuw niet als een echt lid van een goedburgerlijk gezin. Zijn kans kwam pas toen de Parijse kunstenaars van het fin-de-siècle met zoiets eigengereids als poezen te koop gingen lopen om zich van de burgerij te onderscheiden. Vervolgens zijn zowel poezen als kunstenaars definitief door het burgerdom ingelijfd en deelt een poes de voorrechten van elk gezinslid. Maar het blijft een merkwaardig lid van het gezin. Zolang hij leeft is een kat een soort kind, maar doodgaan doet hij meer als je moeder, lang voor je zelf aan de beurt bent. Oud en grijs is een kat nog maar een tiener.

Nog even en daar ligt ook hij dan: 'Grijsje, geboren Zwartje.' Hij ruste in vrede.

De oorschelp

Een poes is jonger dan hij oud is. Bij zijn geboorte was hij eigenlijk nog niet af. Een nest pasgeboren poesjes heeft nog het meeste weg van een zestal porties dat door de vulva uit een tube poezenpasta is geknepen. Vorm zit er nog weinig in.

Natuurlijk zijn pasgeboren poesjes vertederend, maar niet vertederender dan pasgeboren caviaatjes of konijntjes. Ze vertederen niet omdat ze poesjes, maar omdat ze pasgeboren zijn. Zo kan ik het ook. De specifieke betovering van een poes ontstaat pas later. Een grote stap voorwaarts is het als de oogjes opengaan. Aan de ogen herken je de poes. Zet er twee op een effen vel papier en kijk nou toch eens: je hebt een poes getekend. Maar echt werken doet zo'n poes nog niet. Het geheim van de hartveroverendheid schuilt bij poezen niet in de ogen, maar in een ander zintuig, dat iets later ontluikt: de oortjes.

De eerste weken stellen die nog niet veel voor. Twee ribbeltjes aan weerszijden zijn het, net of de oren bij de geboorte al waren afgebroken. Prille poezenoortjes doen denken aan besabbelde potloodeindjes, aan de weke flappen die uit een schelpdier steken of, het meest nog, aan schaamlipjes. Maar dan, als bij toverslag, groeien ze uit tot de onweerstaanbare driehoekjes boven op een poezenhoofd, zo prominent als de piramiden in een woestijn, uit de verte, zo pikant als te kleine bikinibroekjes. Eens in het jaar twee van die oortjes te zien die net boven de onderrand van een kozijn opduiken is voor mij voldoende om de zin van het leven opnieuw in overweging te nemen.

Op school, met taal, leerden ze me wat een *pars pro toto* is: een deel waarmee je het geheel aangeeft. Met 'een zeil aan de horizon' is een heel schip bedoeld, een 'gastvrij dak' heeft ook vier muren en een vloer, een 'lul' kan heel je buurman zijn. Zo'n stijlfiguur werkt ook in het echt. Een driehoekige vin is een hele haai, één driehoekig oortje een halve poes. Maar zo stout als zo'n vin is, zo lief is zo'n oortje. Ook zonder poes eraan. Kijk maar eens naar de kattenmummies in Egyptische musea. De lijfjes zijn vormeloos ingebakerd, er zit niet eens een staart aan, ogen zitten er niet op. Toch zijn ze onweerstaanbaar. Ze hebben oortjes. Lieve oortjes. Na een paar duizend jaren krijg je nog een brok in de keel van die dakkapelletjes avant la lettre, elk op zichzelf een Bermudadriehoekje waarin al je liefde spoorslags op onverklaarbare wijze verdwijnt. Met in het echt, als toegift, onder elk oortje in de vacht van de kop een goedgeschoren driehoekig gazonnetje.

Zonder oortjes blijft er van een poes niets over. Daarom is het ook zo'n zinloze onderneming om, zoals je veel op braderieën ziet, tegenstribbelende kinderen zonder hulp van oortjes als poes te schminken. Denk je liever in hoezeer de mens, maar ook andere dieren, van een stel poezenoortjes op zouden knappen. Een poes met konijnenoren dat wordt niks, maar een konijn met poezenoren is al een halve poes. Persoonlijk meen ik enkele poezen te kennen die eigenlijk konijnen zijn.

Poezen hebben ogen om te kijken, neuzen om te ruiken en oren om ons te ontwapenen. Horen hoeven poezen niet zo nodig. Ze luisteren toch niet. De lieverds.

De troetel

In een conference van de Belg Urbanus is sprake van een blinde schildpad die al twee jaar is verloofd met een Duitse helm. Dat is gek. Toch is Urbanus niet zo gek als hij wil wezen. Zulke schildpadden bestaan. Dierentuinman Heini Hediger kende zelfs een eenzaam opgegroeide schildpad die hopeloos avances bleef maken tegen de laars van de oppasser. Zoals bekend, is fetisjisme niet tot schildpadden beperkt. Een tijger in de dierentuin van Miami bijvoorbeeld doet het met een autoband, met gegrom en nekbeet en al. Hoewel zoiets in het wild niet gauw zal gebeuren geven dieren ook daar blijk van fantasie. Zo ben je in een slanke rubberboot op zee nooit geheel veilig voor verliefde dolfijnen en proberen walvissen ook met grotere schepen intieme relaties aan te knopen. Na zo'n verkrachting is het schip veelal rijp voor de sloop.

Minder vaak gebeurt het dat een dier zich in een mededier vergist. Zelden zie je een kikker vrijen met een slak of valt een olifant op een giraf. Soort zoekt soort. En dat is maar goed ook, anders zouden er op den duur helemaal geen kikkers, slakken, olifanten en giraffen meer bestaan. Als een soort eens vreemd gaat betreft het dan ook vooral nauwe verwanten, zoals paard met ezel of tijger met leeuw. Bovendien zijn er als regel jeugdtrauma's en gebrek aan keuzemogelijkheden in het spel.

Uitzondering bij uitstek is natuurlijk de mens. Die vrijt, alleen al puur in tijd gemeten, heel wat meer af met zijn hond of kat dan met zijn soortgenoten. Er wordt wat afgeteemd en afgeflikflooid met viervoetige huisgenoten, ook al behoren ze tot een orde van zoogdieren (de roofdieren) die al tientallen miljoenen jaren geleden van de onze (de apen) is vervreemd. Als we zo doorgaan, gaat op den duur onze eigen soort nog eens te gronde.

Het is dan ook een hele opluchting te weten dat we sinds kort niet meer alleen staan in het verloochenen van de eigen soort. Het goede nieuws komt uit San Antonio, in Texas. Hier heeft men voor wetenschappelijke doeleinden een kolonie van 2000 bavianen in kooien bijeengebracht. In het struikgewas rondom de kolonie ritselt het van de katten, die er al zoveel generaties rondzwerven dat ze van de mens niets meer hoeven of willen weten. Opeens gebeurde het. Via een opening sloop een halfwas katje een bavianenkooi in. Tot nu toe waren kleine indringers altijd door de bavianen opgegeten. Het katje daarentegen werd liefdevol door baviaan x 322 aan de borst gedrukt om het te vlooien. De andere bavianen waren hoogst geïnteresseerd en wilden het katje ook aanraken. Na een uur kwamen de oppassers tussenbeide. Eerst moesten echter alle bavianen de kooi uit en x 322 moest worden verdoofd voordat ze het katje te pakken kregen. Het diertje vluchtte meteen het struikgewas in, maar kwam nog geregeld terug. Een tweede katje, grijs ditmaal, ook uit zich zelf aan komen lopen, mocht twee maanden blijven. Het diertje werd door x 322 gekoesterd, meegedragen en tegen mensen verdedigd. Kortom: x 322 hield een kat. Foto's bij het oorspronkelijk verslag tonen duidelijk hoe behaagziek het poesje zich dat houden laat welgevallen. Helaas is het niet mogelijk u die foto's te laten zien. Als u zich niettemin een indruk wilt vormen hoe mal dat eruitziet, een aap die troetelt met een poes, moet u uw eigen poes maar eens oppakken en in uw armen meenemen naar de spiegel. Kijk goed. Nooit zult u meer lachen om een schildpad met een Duitse helm.

De Siamese kat

Een mens heeft ogen te over. Laat de helft van je ogen uitsteken en je ziet er amper minder door. Of doe gewoon één oog dicht. Je uitzicht blijft vrijwel hetzelfde. Idem met het andere oog. Kennelijk heb je altijd met twee ogen naar hetzelfde gekeken. Een van beide ogen hangt er voor Piet Snot bij. Maar welk?

Wat heb je aan twee ogen die hetzelfde zien? Met twee longen adem je tweemaal zoveel en met twee nieren kun je tweemaal zo snel plassen, maar een boek heb je met twee ogen niet tweemaal zo snel uit. Je ogen zouden onafhankelijk moeten zijn, zodat je met het linker de *Max Havelaar* kon lezen en met het rechter de *Donald Duck*, of erger. Als bioloog zou je tegelijkertijd naar de vogels en de vissen kunnen kijken, als biseksueel naar de heren en de dames.

Mensen met onafhankelijke ogen bestaan. Die zijn scheel. Hun ene oog ziet echt iets anders dan het andere. Alleen werken hun hersenen niet mee. Want al heb je echt twee ogen, je hebt eigenlijk maar één hersen en die kan geen twee boodschappen tegelijk aan. Of hij kiest voor één van beide, en dan kijk je alsnog door één oog, óf hij kiest niet en maakt je gek. Maar het ergst is voor een schele nog de reactie van de mensen. Die weten niet in welk oog ze moeten kijken en kijken dan maar liever helemaal niet. In ieder geval valt het als schele niet mee om gezag uit te stralen. Zo word je nooit koningin van Nederland.

Toch halen mensen schelen in huis. Katten. Vooral Siamezen loensen vaak onweerstaanbaar. Omdat hun ogen scheef gebouwd zijn, zien hun hersenen juist scheel als hun ogen gewoon recht naar voren kijken. Om in plaats van twee muizen één muis te zien, moeten ze hun ogen scheel draaien. Het is alsof je met twee kromme geweren fout richt om in één keer goed te raken. Maar werken doet het en het vertedert ons.

Zelf hoef ik geen Siamees. Ik kom nu al ogen tekort. Ik heb twee gewone jonge poesjes. De een van zeven weken, de ander is al tien. Eén blik en ik smelt. Die oogjes! Die pootjes! Zulke staartjes! Dat gebrek aan billetjes! Mijn ogen prikkelen mijn hersenen, mijn hersenaanhangsel prikkelt mijn hormonen en ik ben verkocht. Met rolronde oogjes, het kopje scheef, kijken ze me aan en er golft iets heel warms door mijn ingewanden. Weerloos kijk ik terug met die blik die ik van jonge moeders zo verfoei.

Toch bezit ik ook een onafhankelijk oog. Mijn geestesoog tovert me op elk gewenst moment de mooiste beelden voor de geest van zwoele stranden, hartige hapjes, hoelameisjes, kleine poesjes en wat dies meer zij. Het handige is dat deze beelden dezelfde reacties oproepen als die van de werkelijkheid. De hormonenleverancier in mijn hersenaanhangsel maakt geen onderscheid tussen waan en werkelijkheid. Daar is hij niet voor aangenomen. De prikkel van een pikante fantasie gaat dezelfde weg als die van een levende bedgenote, met dezelfde uitwerking. Zo bezien is daadwerkelijk neuken niets anders dan gebrek aan fantasie. Wat een schril licht werpt op het liefdesleven van zulke nuchtere mensen als de noorderlingen.

Zelf heb ik voorlopig de ogen vol aan Emma en Floortje. Met hun poezenpootjes trappelen ze als bezetenen op de knopjes van mijn ziel. Met genoegen geef ik me over en onderga de zegeningen van mijn nieuwe burgerlijke staat: nooit vader geworden en toch opa.

De huistiran

Vroeger had je ridders. Die zochten in verre landen naar de graal, al wisten ze niet helemaal zeker wat dat was. Het heilige vat met het bloed van de gekruisigde Heiland, meende de een, een edelsteen die engelen in overoude tijden op aarde hebben gebracht, meende de ander, een mystiek voorwerp dat zijn bezitter materieel en geestelijk heil verschaft, vat een modern naslagwerk samen. Een kruising tussen wonderolie en de steen der wijzen; pas als je hem had wist je hoe hij eruitzag, maar dan wist je ook zeker dat hij het was. In ieder geval iets heel moois en heel mysterieus waar je heel prettig van wordt.

Ik hoef niet naar de graal te zoeken. Ik heb poezen. Vier stuks zelfs. Viermaal geluk dat kopjes geeft. Het levende bewijs dat de dieren – sommige althans – door God zelf geschapen zijn, zij het vast niet in één dag. De hoogste genade in één wezen samengebald. Brigitte, Zsa Zsa, Greta, Gabriël en Michaël in één. Maar ook een beetje Adolf en Idi, een tikje Beëlzebub.

Een poes is een tiran. Wie er een in huis haalt, heeft gelijk maar moet het zelf weten; een poes neemt onmiddellijk de hele tent over. Talloos zijn de verhalen over het uitgeoefend schrikbewind. Meubels worden onherkenbaar uiteengereten, kostbaar vaatwerk wordt geatomiseerd; echtparen zijn kinderloos gebleven en oude vrijsters ongetrouwd doordat een poes het bed beschouwt als het zijne en geen onsmakelijk gehobbel duldt. Voor ziek worden kiezen poezen het meest ongelegen moment, om daarna in de wachtkamer van de dierenarts op wonderbaarlijke wijze te genezen. Binnen is voor poezen de plaats waar ze heen willen als ze buiten zijn, buiten de plaats waar ze heen willen als ze binnen zijn. En toch zijn dat slechts peulenschillen. Het werkelijke venijn, de ware fundamenten van de macht die de poesheid over de mensheid uitoefent, zit dieper. En niet in hen maar in ons.

Poezen gebruiken de liefde die wij voor ze koesteren tegen ons. Ze heersen bij de gratie van ons ontroostbaar gevoel van ontoereikendheid. Je hoeft een poes maar aan te kijken en het gevoel welt in je op. Je wilt het dier behagen maar hoe? Wat heeft een mens een poes te bieden? Al vinden poezen het niet altijd vervelend door ons te worden geaaid, toch zijn onze handen bleke engerds vergeleken bij het tongetje waarmee poezen zichzelf verwennen. Het is louter boffen wanneer poes zo'n aai in ontvangst neemt, op de minzame wijze waarop een volwassene een snoepje aanneemt van een kleine die trakteert. En dan die herrie, dat harde, onbehouwen, bonkende geklets van mensen, terwijl subtiel mauwen ruim voldoende is.

Het is het besef van onze ontoereikendheid dat het liefhebben van poezen drijft. De wanhoop wanneer je poes zich zonder opgaaf van redenen verwijdert van je schoot, waarop je meende hem tot in alle vezels te verwennen, waarna hij jouw reuk zorgvuldig tot de laatste molecule uit zijn vacht wast. Het paaien moet dan weer helemaal opnieuw beginnen en je moet maar afwachten wanneer het lukt. Wat je ook doet, het is nooit goed genoeg. Als ik een muis was, zou ik door mijn poes willen worden opgegeten, zoveel hou ik van hem, maar hij, hij zou het nog doen ook.

Het onbeantwoorde wordt zo de crux van de liefde, zoals ook een vogelaar het meest houdt van de vogels die het minst van hem willen weten en zich slechts door het getroosten van de grootste inspanningen laten waarnemen. De terreur bestaat dan ook niet zozeer uit het op de krant gaan liggen, precies op de plaats waar je aan het lezen bent, als wel uit het gevoel van grote schuld dat zich van je meester maakt ogenblikkelijk nadat je het arme dier van de krant af hebt gewerkt.

Het besef dat je altijd onvolmaakt zult zijn, dat je liefde nooit groot genoeg is om te worden beantwoord, wordt je door niemand zo ingepeperd als door een poes. Poezen trappen op je ziel met een gemak dat elk ander wezen lelijk zou opbreken. En net wanneer je besluit dat er toch ook een leven mogelijk moet zijn zonder poes, komt hij bij je voor een seance. Eén goedgeplaatst kopje en je bent er weer voor weken ingeluisd.

De combinatie van afgod en kwelgeest, dat is het wat een poes zo onweerstaanbaar maakt, een graal op pootjes, het heerlijkste juk om onder te zuchten.

De tuinpoes

Een kastelein tuiniert niet. Zo'n man heeft al genoeg nat te houden. Of zo'n vrouw. Ook Marijke van café Verhoeff op de Zeedijk heeft geen tuin. Geen tijd en geen zin. Toch mist ze een tuin. Waar moet ze, zegt ze, anders straks haar kat in begraven?

Een goed café wordt gedreven door een goede kastelein en een goede kat. Sfeer schep je samen. Veel kasteleins lijken zelfs op hun poezen. Ze drinken niet en doen heel goed iemand die luistert na. Zo verdienen kasteleins de kost. Maar wat weet een poes van luisteren? Praten poezen met elkaar? En waarover hebben ze het dan?

Sinds jaar en dag proberen mensen erachter te komen wat dieren elkaar te zeggen hebben. Wat bedoelt een olifant met zijn getrompetter? Zingt een leeuwerik een liefdeslied? Wat krast een kraai? Probeert mijn poes me al jaren iets duidelijk te maken dat ik over het hoofd heb gezien?

Wat betekent dierentaal? Een domme vraag. Echt iets voor een bioloog. Kasteleins weten beter. Zij zitten de hele dag tussen het getrompetter en gekras. Zij weten hoe weinig betekenis de woorden hebben en de zinnen. Het gaat niet om de betekenis, het gaat om de bedoeling. Om wat je ermee bereiken wil. Onder de biologen is Eugene Morton een van de weinigen die dit doorheeft. Dieren hebben geen woorden nodig om elkaar te begrijpen. Een andere taal maakt ze niet uit, zelfs een andere soort niet. Een muis hoeft geen slangentaal te leren om het gesis van een cobra te begrijpen, een antilope begrijpt wat het betekent als een baviaan een alarmkreet slaakt, een poes heeft je toch wel door.

Wat voor geluiden dieren ook maken, ze hebben enkele principes gemeen. Lage geluiden duiden op gevaar, hoge kunnen niet veel kwaad. Met biologie heeft dit minder te maken dan met natuurkunde. Daarom gaat het principe zo algemeen op. Lage geluiden komen uit grote dieren, hoge uit kleine. Wie veel voor gebrul wegrent wordt ouder dan wie bang is voor gepiep. Dieren maken daar grif gebruik van. Om iemand weg te jagen blaft een hond vervaarlijk, om je te lokken piept hij als een puppie. Als klein dier kun je je groter maken met je haar overeind, maar je kunt ook gewoon wat dieper grommen.

Mensen weten dat. Ondergeschikten worden afgeblaft, tegen een baby zet ook de grootste keel zijn hoogste stem op. Moeders lopen achter de kinderwagens te piepen tot je zin krijgt ze te smeren. Van mensentaal hebben pasgeboren baby's nog geen verstand, maar dat hoge gepiep begrijpen ze vanzelf. Mamma kan geen kwaad.

Slijmen met poezen gaat net zo. Zo gauw je er een ziet, schiet je stem als een raket omhoog. Zo klink je een stuk kleiner. Maar of het helpt, hangt van de poes af. Kleine, rooie Floortje trekt zich van mijn temen weinig aan. Toch mankeert ze niks aan haar oortjes: als ik haar roep gaat ze ervandoor. Voor straf reageer ik soms niet als ze wat van mij wil. Luid mekkerend zit ze dan voor de achterdeur. Ze wil eruit. Maar lang hou ik mijn weigeren niet vol. Al gauw hanteert Floor haar geheime wapen. Met een heel zacht en hoog gepiep werkt ze op mijn gemoed tot de deur opengaat en Floor met een blij kirretje de tuin in springt. Ze is dol op tuinieren. Enthousiast gaat ze aan de slag. Lekker vogeltjes wieden.

De klerekat

Een bioloog trapt zelden in een drol. Dat vindt hij zonde. Wat voor een ander een bron van ergernis vormt, is voor een bioloog een bron van informatie. Aan de vorm, consistentie en oriëntatie van het uitgeworpene leidt hij van alles over de uitwerper af. Daarom heeft een bioloog zijn ogen buiten altijd op de grond gericht. Alleen vogelaars willen nog weleens een uitglijer maken.

Interessanter dan andermans drol is alleen je eigen. In geuren en kleuren vertelt die je over dat leuke etentje van laatst en wat je darmen ervan vonden. Het zijn beslist niet alleen biologen die na afloop achteromkijken om te weten of het er net zo uitziet als dat het aanvoelde. Vaak staat je daarbij een teleurstelling te wachten – te slap, te geel, te weinig – maar er zijn erbij die je het liefst aan iedereen zou willen laten zien. Bewondering oogsten is echter voorbehouden aan beginnende kleuters met hun welgevulde potjes.

Wat is een mooie drol? Is rookworstvormig beter dan een softijsmodel? Over zulke vragen breken artsen zich het hoofd. Zij willen een standaarddrol om de door hun patiënten geproduceerde fledders en keutels aan af te meten. Belangrijke criteria zijn behalve kleur en vorm het soortelijk gewicht en de hoeveelheid wc-papier die je per pond nodig hebt.

Een gewoon mens weet best wat hij mooi vindt. Het probleem voor hem is vooral hoe hij zijn ideaal zo dicht mogelijk benadert. Door geen rare dingen te eten bijvoorbeeld en zich vooral niet op te winden. Zo gauw een mens of dier zich opwindt, verwaarloost zijn lichaam de spijsvertering om zich geheel aan de aanval of de verdediging te kunnen wijden. Voordat ze voor een vijand vluchten, laten veel dieren zelfs hun darmen leeglopen, wat meteen ook hun gewicht vermindert, ongeveer zoals je ballast afwerpt uit een heteluchtballon.

Voor echt mooie drollen moet je veel vezels eten. Wat dat betreft kunnen we in de leer bij het paard of de olifant. Hun uitwerpselen zijn een lust voor het oog. In je einddarm komen er extra veel bacteriën op de nog onverteerde vezels af, waardoor je uitwerpselen het luchtige en toch samenhangende van een goedgelukte gehaktbal krijgen. In Afrikaanse streken met veel vezels in het eten wordt tot viermaal zoveel gepoept als bij ons, in de vorm van mooie omgekeerde paddestoelen, die door alle luchtigheid blijven drijven, wat een dorp aan de rivier een vrolijk aanzien geeft.

Bij gebrek aan paarden of olifanten gaan onze poezen ons in het eten van vezels voor. Zemelen of volkorenbrood lusten ze niet maar het aantal klachten over poezen die wol of andere textielvezels eten, neemt toe. Er zijn er die voor duizenden guldens schade aan de gordijnen, het bankstel en het linnengoed aanrichten. Onverteerbaar als ze zijn, belanden de verknaagde lappen als bewijsmateriaal in de kattenbak. Dierenartsen staan voor een raadsel. Waarom eet een poes de schoot waar hij op zit? Hoe komt een poes erbij dat hij een mot is? Waarschijnlijk is het textieleten net zo'n zenuwenlijdersgedoe als ons nagelbijten en komt het vaak doordat de poes niet naar buiten mag en geen kleine prooi kan vangen. In ieder geval is het textieleten vanouds vooral van raskatten zoals siamezen bekend. Slechts een tiende deel van alle textieleters is een bastaard en bijgevolg maar een enkeling een échte lapjeskat.

De etalagekat

Mens mint kat. Zijn glooiend landschap! Zijn geheimzinnige doorkijkjes! Zijn geluid en licht! Zijn rijke historie! Zijn weelderige begroeiing, zo zorgvuldig schoongehouden door het opwindend rode tongetje, dat op zich al ruim voldoende reden is om heel het poezenrijk voor eeuwig innig lief te hebben.

Zo gemakkelijk als het is te begrijpen waarom een mens op katten valt, zo moeilijk is het te doorgronden wat in godsnaam een kat in een mens ziet. Waarom zoekt het prinsesje van de schepping het gezelschap van zo'n schonkige proleet, die op zijn blinde voeten alles plattrapt, met zijn weke vel als een woestijn van blootheid, hemeltergend luidruchtig, heulend met de honden? Wat ziet zijn kat in Rudy Kousbroek?

Bekijk het eens uit poezenperspectief. Met een hoogte van 1,75 meter torent een mens zevenmaal boven de 25 centimetertjes poes uit. Zou ú houden van een wezen van zevenmaal uw lengte, meer dan tien meter hoog, anderhalve ton zwaar, een kruising tussen King Kong en een dinosaurus? Met zo'n verschil in afmetingen heeft de dagelijkse omgang voor de kleinste partij meer weg van bergsport dan van liefde.

Zoals zo vaak met liefde het geval is, berust de genegenheid van poes voor mens op een misverstand. Poezen houden niet van ons omdat we tegen ze slijmen en ze te eten geven, maar omdat ze in onze huizen worden geboren. Zodra ze hun oogjes opendoen, zien ze mens, hun huid voelt mensenhanden, hun hersenen raken binnen zeven weken geprogrammeerd op mens. Hoe meer mensenaandacht ze in deze tijd krijgen, des te meer houden ze van de mens. Daarna helpt het niet meer; een kat die voor zijn zevende week geen mens gezien heeft, houdt zijn zinnen bijeen en mijdt levenslang elke *Homo sapiens*. Omgekeerd is een kat die eenmaal op de ene mens valt ook vriendelijk tegen de andere. Met de staart omhoog – het teken van goede bedoelingen – komt hij vriendelijk knipogend op je af, een glimlach op pootjes, en geeft je een kop. Verteerd door vertwijfeld geluk probeer je deze gift uit een betere wereld te duiden. Geven poezen mensen kopjes kat omdat mensen poezen schoteltjes melk geven? Wat zien ze toch in je?

Niks. Als echt reukdier heeft een poes nooit een oogje op je, maar soms wel een neusje. Daarom is je vuile onderbroek hem net zo lief als je vleselijke aanwezigheid en zit hij net zo lief in je wasmand als op je schoot, met het gevolg dat menige poes door en door schoon op het dierenkerkhof aankomt.

Het geheim van het kopjes geven wordt, voor wie het zien wil, door elke etalagekat verklaard. Aai met uw hand net zo lang over de straatkant van de etalageruit tot de poes aan gene zijde kopjes tegen het glas gaat geven. Dat veroorzaakt strepen. Met speciale klieren smeert de poes het glas met reukstof in. En dat had hij, als er geen glas was, ook tegen uw hoofd of been gedaan. In wezen merkt een poes uw been met een kopje zoals een hond tegen een lantaarnpaal piest. Hij lijft je evenzeer in, maar dan oneindig veel subtieler, tot mens kat mint.

De badpoes

Lucht is lekker. Van lucht wordt eten snoep. In een zak vol lucht heten aardappels chips en brengen ze honderdmaal zoveel op. De bakker pompt elke nacht zijn broden op en zelfs Nederlandse kaas is al met lucht erin te koop. Ook dieren zijn het lekkerst met lucht. Het liefdesdier bij uitstek, het puikje van de schepping, zit er vol mee. Een poes aait zo lekker om dezelfde reden waarom een band zo lekker rijdt. Alleen zit de lucht bij een poes niet binnenin maar aan de buitenkant, in de vacht. Haal je die lucht eruit dan blijft er van de poes niets over. Doe je poes maar eens in bad. Dat natte plukje wanhoop, dat je aankijkt als een jood een nazi, ziet eruit als hoe het is: leeggelopen. Geen lucht meer.

Poezen houden alleen van baden zonder water. Zonnebaden. Op een warme, droge vensterbank. De ogen half dichtgeknepen, een achterpoot afhangend, de buik omhoog of in welke ongegeneerde houding ook overtreft de poes zo verre de loomheid die je overvalt bij het zien van een hagedisje in de zon op de steen van het verweerde muurtje, ergens in Zuid-Frankrijk. Zo'n hagedis ligt te zonnen voor zijn werk. Hij moet opwarmen om er straks weer flink tegenaan te kunnen gaan. Poezen zijn warmbloedig van hun eigen. Zonnebaden is voor poezen louter vrijetijdsbesteding, al klinkt 'besteding' wel erg actief voor de totale afwezigheid van enige activiteit. Zelfs bruin worden kan de bedoeling niet zijn, met zo'n vacht erom. Een mens gaat toch ook niet in zijn overjas liggen bruinen?

Hoe deden we dat eigenlijk toen we zelf nog een vacht bezaten, als aap? Of waren we al bruin daaronder? Was onze voorouder de nog-niet-naakte aap een ruig behaarde neger? Waarschijnlijk is dat niet. Men neemt aan dat de mens pas bruin werd toen hij zijn vacht had verloren en kleurstof nodig had als bescherming tegen het zonlicht. Blanken zijn later pas uit negers ontstaan; ze hebben evenveel pigmentcellen, al zijn die dan minder actief. Wit zullen we dus ook niet zijn geweest onder de voorouderlijke vacht. Eigenlijk zou je eens moeten kijken wat voor kleur moderne apen onder hun vacht hebben. Dat is opmerkelijk weinig gedaan. Wat we weten is dat een gewone makaak wordt geboren met een zwarte huid die later wit wordt. Het ondergoed van een resusaap is roze met hier en daar wat blauw. Binnen een groep chimpansees komen zowel negerapen als blanke apen voor.

Welke kleur heeft uw poes eigenlijk? Ik bedoel zijn echte kleur, onder dat luchtige kapsel? Daar hoef je je poes niet voor te scheren. Hij heeft zelf al wat tipjes van de sluier opgelicht: op zijn neusdop, rondom zijn kontje, bij zijn tepels en natuurlijk op de aandoenlijkste plekjes van elk poezenbeest: de kale plekken boven de ogen waar de oren uit het tapijt gesneden lijken. Een beetje vlekkerig is de huid daar meestal, als de huid van een oud mens.

Poezen zonnen niet om te bruinen. Ze liggen niet

eens om te zonnen, ze zonnen om te liggen. Eenmaal achter het warme vensterglas vloeit alle behoefte om iets anders te doen dan liggen weg als dunne stroop. Mensen reizen naar stranden met palmen voor hun excuus om te niksen, maar dat is dus nergens voor nodig. Schuif die stomme planten van de vensterbank en ga lekker liggen spinnen in de zon. De poes komt er vanzelf wel bij.

De kroegtijger

Ik hou van boekwinkels en bibliotheken. Lekker zwemmen in een zee van letters. Verder hou ik van cafés en bars. De hemel stel ik me dan ook voor als een enorme bibliotheek met volledige vergunning. In afwachting van deze opperste zaligheid hou ik lezingen in de literaire cafés van ons land.

Het paradijs op aarde ligt voor dorstige lezers en leesgrage drinkers echter even verderop: in Frankfurt, op de Buchmesse. Op deze boekenbeurs, de grootste ter wereld, staan elk jaar weer tienduizend uitgevers uit honderd landen met honderdduizenden verschillende boeken. De stands met boeken worden er royaal afgewisseld door barretjes, buffetten, cafeetjes en terrassen. Alcoholhoudende uitgevers en uitgevende alcoholisten zien er alweer uit naar de beurs van volgend jaar. En toch ontbreekt er op de literaire orgie iets aan het ware geluk. Er zijn geen poezen.

Een goede boekwinkel of kroeg is te herkennen aan zijn poes. Soezend in de etalage of op een barkurk zit hij de entourage te vervolmaken. Voor de staat van onthechting die een mens door lezen of drinken probeert te bereiken, zet hij op superieure wijze de toon. Al neem je de duurste winkelinrichter in de arm, al hang je je café vol wagenwielen of gedeukte tuba's, zonder poes komt het nooit helemaal goed.

Gebruiken katten zelf? Als regel raken ze niet gemakkelijk aan de drank. Ze hebben liever wat melk. Bitterballen, stukjes ossenworst, kaasblokjes en tosti's lusten ze ook. Voer je ze toch dronken, dan verbreek je de coördinatie tussen oog en spieren, wat grappig is om te zien en gemeen om te doen. Het lukt het best bij neurotische exemplaren. Een evenwichtige kat leest liever dan dat hij drinkt.

Lezen hoeven poezen niet te leren op de poezenschool, waar alleen vaardigheden als slijmen, tegen de zon in knipperen en mensen die van hen houden op de ziel trappen worden geoefend. Lezen kan elke poes van nature en wel op een benijdenswaardige manier. Hij leest met zijn gat. Om de krant te lezen, gaat hij er gewoon bovenop zitten. Boeken idem dito. Alleen aan pockets heeft mijn Arie een hekel, daar glijdt hij te gemakkelijk vanaf. Maar zodra de krant op tafel ligt, vlijt hij zijn dikke reet er nieuwsgierig overheen, de staart dwars over het onbedekte deel, en heb ik maar te wachten tot hij er even afgaat. Dan wil hij dat ik omsla.

Al gebruikt hij zijn ogen er niet bij, toch kijkt een poes die op zijn boek of krant broedt met een gezicht als van een mens die leest. U kent dat wel: terwijl in het hoofd van de lezer het bloed rondspat van de indianen die door de cowboys worden afgeslacht, vrouwen vaak en wreed worden verkracht of hele planeten door ruimteschepen worden weggevaagd, kijkt de lezer onverstoorbaar schijnheilig voor zich uit met de geconcentreerde blik die voor lezen en voor het proeven van te dure wijn is gereserveerd en die, door poezen op hun repertoire gezet, onze harten doet smelten.

Terwijl ik dit schrijf, heb ik zowel een borrel en een boek als een poes onder handbereik. Maar ik moet nog even wachten met gelukkig zijn. Hij heeft het nog niet uit.

Het feestvarken

Weten katten dat ze jarig zijn? Nico Merx, in *Het Parool*, vermoedde van wel en gaf zijn Mik elk jaar als cadeau een stukje kaas. Daar zijn katten dol op, want 'katten houden van muizen en muizen houden van kaas'. Volgens mij daarentegen weten katten er niks van, katten gaan er gewoon elke dag van uit dat ze jarig zijn. Zo worden ze door ons dan ook behandeld.

Een derde deel van alle huisdieren krijgt, zo is uit onderzoek gebleken, presentjes op de verjaardag, en vaak een strik of feestmuts toe, maar eigenlijk worden ze allemáál het hele jaar door getrakteerd op aaien en hapjes, liefde en zorgzaamheid.

Vroeger hadden mensen daar kinderen voor, maar die zijn door de dieren het huis uit gedreven. Had een gemiddeld huisgezin vóór de oorlog een half dozijn kinderen en geen hond, tegenwoordig heeft het er afgepast twee – Jeroen en Chantal – die met een hond, wat katten en een kanariepiet tot zes gezinsleden zijn aangevuld. Niet de omvang, maar de samenstelling van het gezin is veranderd. En de verdeling van de rechten. Menige poes mag méér. Hij mag bij de ouders in de kamer slapen, wat geen enkel kind is toegestaan, en bepoept openlijk de tuinen van de buren, wat een kind niet in zijn harses hoeft te halen.

Veel mensen hoor je al zeggen dat hun dier ze meer

liefde geeft dan ze ooit van de mensen hebben mogen ontvangen. Zulke verloochenaars van de eigen soort moeten natuurlijk subiet in Artis worden opgesloten, maar de vraag blijft wat er aan een kat dan zoveel beter is. Natuurlijk, huisdieren zijn iets speelser en veel beter aan te halen dan een kind, waar vóór de puberteit nog nauwelijks iets te aaien op zit, en fokkers brengen nog steeds verbeteringen aan die de voorsprong op het kind vergroten. Toch zit 't 'm daar niet in.

Het zit 'm in het geluid. Dieren ouwehoeren niet. Ze maken wel geluid, en papegaaien spreken zelfs, maar iets te zeggen hebben ze gelukkig niet. Wanneer je moe van je werk thuiskomt, begroeten ze je enthousiast zonder je meteen te vertellen wat hún heeft dwarsgezeten, zo'n hele dag op hún werk of thuis of op school. Terwijl je zelf tegen je dieren aanpraat alsof ze je verstaan, zoete woordjes brabbelt of ze haarfijn uitlegt waarom de personeelschef een sukkel is, houden ze hun mond, spreken je niet tegen. Vol begrip vallen ze op je schoot in slaap. Dat heeft te maken met het natuurlijk evenwicht. Mensen hun monden zijn groter dan hun oren. Doordat er meer gesproken dan geluisterd wordt, dreigt veel gesprokens onbeluisterd in de lucht te blijven hangen. Hond en poes, die wel goed horen, maar niet kunnen spreken, zuiveren de lucht van dat overschot en het evenwicht is hersteld. Tot slot wordt het weggevangen overschot verteerd en op straat uitgekakt, zodat we toch nog over ons eigen gelul uit kunnen glijden.

Steeds vaker zie je mensen jaloers toekijken hoe hond en poes zich hun voorkeursbehandeling laten welgevallen. De slijmers. Toch ligt de oplossing voor de hand. Léér van je hond of poes. Begroet je kinderen, je ouders of je partners luid kwispelspinnend aan de deur, val op hun schoot in slaap en spreek zo weinig mogelijk mee, laat staan tegen. Kortom: slijm zelf.

De heilige kat

Van alle oude beschavingen was de Egyptische het beschaafdst. In Egypte aanbad men de kat.

De eerste keer dat een kat jongen krijgt, werpt ze er één, de tweede keer twee, de derde keer drie, enzovoort, tot ze er de zevende keer in totaal achtentwintig heeft. Tenminste, volgens Plutarchus. Volgens Herodotus daarentegen wil een wijfje na één keer jongen al niets meer van katers weten. Als deze toch nog willen paren, roven ze de jongen bij de wijfjes weg en bijten ze ze dood. De wijfjes, die niet graag zonder jongen zitten, zijn nu wel op de mannetjes aangewezen. Plutarchus en Herodotus wisten kennelijk geen van beiden iets van katten. Het waren dan ook Oude Grieken, net goed genoeg om jonge gymnasiasten mee te pesten. En ook Oude Romeinen hadden weinig met katten op. Oude Egyptenaren, die moet je hebben.

Een kat in Egypte had een leven als God in Frankrijk. Katten aten van dezelfde borden als hun baas, droegen hun eigen juwelen en werden bij ziekte met liefde verzorgd. Zwerfdieren kregen in melk geweekt brood en vis uit de Nijl, in hapklaren stukjes opgediend.

Desondanks gingen katten ook in Egypte weleens dood. Dan jammerden hun bazen, die zich als teken van rouw de wenkbrauwen afschoren. Het lijkje brachten ze naar de mummiemaker. Zo hoopte men zijn kat, net als een farao, aan de aardse kringloop van afbraak en opbouw te onttrekken. Dat lukte bijna. Toen men in de vorige eeuw de uitgebreide kattengrafvelden vond, waren de mummies nog in prima staat. Vervolgens wist men er weinig beters mee te doen dan ze te vermalen om er alsnog de aarde mee te bemesten.

Slechts weinig kattenmummies zijn aan de postume slachting ontkomen. Stijf ingepakt grijnzen ze je in de musea aan alsof ze een geheim aan het koesteren zijn. Dat doen ze ook. Of deden ze. Bij het afwikkelen van een stel kattenmummies stond de onderzoekers, zoals dat hoort bij pakjes uitpakken, een verrassing te wachten: de dieren waren niet oud en afgeleefd, maar juist heel jong, slechts enkele maanden. Ze waren niet gestorven van ziekte of ouderdom maar, zoals duidelijk aan het verwrongen nekkie te zien was, gewurgd. De poezen waren kortom niet gemummificeerd omdat ze dood waren, maar gedood omdat men mummies nodig had.

De priesters, die de kat als god vereerden, maakten kennelijk massaal katten dood voor de verkoop aan vrome Egyptenaren, ongeveer zoals de monniken van nu over de hele wereld christusjes aan kruisen spijkeren voor om boven je bed te hangen. Om te voorkomen dat de markt met de onverwoestbare devotieartikelen verzadigd zou raken, werden niet meer gebruikte kattenmummies door de priesters achter de rododendrons gedonderd, in de massagraven waaruit we ze in onze tijd weer te voorschijn halen. En nu pas, bij het afwikkelen, blijkt hun koopmanschap: in menige mummie zit slechts een halve kat, of alleen maar een paar botjes. Zo belazerden de Oude Egyptenaren niet alleen de mensen, maar zelfs de goden. De Oude Egyptenaren, die waren pas beschaafd.

De koperwiek

Poezen negeren spiegels. Alleen in hun jeugd kijken ze achter de spiegel wie daar zit. Bij het ouder worden begrijpt een poes al gauw dat niet achter maar in de spiegel een krankzinnige medekat woont, die je maar het best met rust kan laten. Ook op televisie reageren katten als op een kist vol idioten, die genegeerd kan worden. Terwijl chimpansees bij proeven in de dierentuin tenminste nog graag naar natuurfilms kijken, keurt een kat zelfs de STER-spots voor kattenvoer geen blik waardig. Poes is het liefst zelf op de televisie. Letterlijk. Vorstelijk boven op het warme toestel gezeten, laat onze Arie zijn staart voor het beeld hangen en zwiept of rukt er af en toe mee als met een dolgedraaide ruitenwisser. Dat geeft niks. Dan kijken we poes in plaats van televisie. Maar wat bezielt hém? Waarom weigert Arie zelfs te kijken naar de vogels en muizen die af en toe op het scherm worden vertoond? Omdat hij zijn ogen niet kan geloven. Een poes is geen zoogdier, zoals wij, maar in de eerste plaats een ouwe snuffelaar. Iets wat eruitziet als een muis, maar niet zo ruikt, is nep, géén muis. Wél een muis daarentegen is bijvoorbeeld een gekookt kuikenmaagje, in de pan op lichaamstemperatuur gebracht, en zelfs voor een mens goed te ruiken.

Sinds kort, nu er een voertafel voor vogels in de tuin

staat, schiet deze verklaring echter tekort. Nu de opwinding van de eerste dagen voorbij is, nemen de poezen tijdens het voer strooien hun plaatsen in achter het tuinraam, boven op de verwarming en gaan – het is niet anders weer te geven – televisie kijken. Ontspannen naast elkaar, met geïnteresseerde blik; alleen het pijpje pils en de zoutjes ontbreken. Bij de aanvang zijn ze nieuwsgierig naar het programma. 'Kijk baas,' wenkt Arie en draait zich even om, 'koperwieken vandaag, jottum!' Mussen vindt hij stom. Naar andere vogels kijken de poezen echter als een bouwvakker naar Madonna: graag, maar zonder aandrang om het glas tussen attractie en geattracteerde te bezoedelen. Na afloop, wanneer ook de laatste vogel is gevlogen, zitten ze nog wat na, erin berustend dat het over is, als bij het nieuws voor doven en slechthorenden.

Waarom kijken poezen wel voertafel en geen televisie? Dat heeft te maken met hun ogen. Vanaf onze schoot zien poezen weinig van het scherm. Poezen zijn verziend. Voor dichtbij hebben ze hun neus. Tussen veraf en dichtbij gaapt echter een niemandsland, een blinde zone, die zich het duidelijkst openbaart als je stilletjes een biefstuk op driekwart meter van je lieveling legt. De schat blijft stom zitten, wezenloos: te dichtbij om te zien en te ver om te ruiken. Muizen doen er dan ook goed aan poezen te passeren op deze afstand, als het ware laag doorvliegend onder de poezenradar. Zo is poes dan pas echt op blikjes aangewezen. Ruwweg de helft kan dat niet schelen, maar voor de andere helft is eten uit blikjes beschamend. Doordat poezenblikjes altijd worden gemaakt met een opening die te klein is om er een poezenkop in te steken, is elk blikje een intelligentietest die genadeloos de dommen, die naar het laatste restje onderin blijven smachten, scheidt van de slimme pootje-erin-pootje-eruit-katten. En poezen worden toch al zo vaak beschaamd. Wat wij alleen hebben met blozen, hebben poezen steeds maar weer. Voortdurend verraadt hun staart met gezwiep of getril de werkelijke intenties die ze juist verborgen hadden willen houden. Waarom loopt een poes van achteren, waar hij allang af is, door in dat lichaamsdeel? Vaak lijkt het of de staart van iemand anders is, niet onder controle van de eigenlijke poes, of althans of hij vroeger ergens anders heeft gezeten. Een kleine zelfstandige.

Dikke, rode Arie zit op het televisietoestel. Onnozel kijkt hij toe waar zijn staart nu heen en weer zwiept. Op de dag dat hij het televisie kijken echt onmogelijk maakt, gaat hij eruit. De televisie.

De burmees

Vanavond zou het anders gaan, dacht Ernst. Deze keer moest het lukken. Hij drukte Annabeth nog iets inniger tegen zich aan terwijl het orkest voor de laatste dans inzette. Wat een muziek! Wat een vrouw! Haar ogen keken veelbelovend, de zijne namen de belofte gretig aan.

Hij reed naar haar huis. Zover had hij het nog nooit gebracht. En voor haar deur aangekomen, vroeg ze zonder veel omhaal of hij nog een kopje koffie wou. Nou, dat sloeg hij niet af.

Terwijl Annabeth daadwerkelijk koffie ging zetten, nam Ernst het interieur op. Echt een flatje voor een vrouw alleen. Een gebloemd bankstel, veel snuisterijen en als *pièce de résistance* een prachtige kat. Een burmees, had Annabeth al eens verteld, die al veel prijzen zou hebben gewonnen als hij niet een tikje loenste. Zacht spinnend lag het dier voor de centrale verwarming.

Bij de koffie hoorde een cognacje, op één been kun je niet lopen, van het een kwam het ander en voor hij wist hoe hij 't 'm gelapt had, lag Ernst bij Annabeth onder de lakens. Ze streelde hem door de haren en kirde aanmoedigend. Ernst kirde terug en ging er net eens goed voor liggen om de hoofdschotel aan te snijden, toen zijn hand schrok. Waar hij zachte, naakte vrouwenhuid had verwacht, zat opeens veel haar.

Door alle bezigheid onopgemerkt had de burmees zich tussen Ernst en Annabeth in gedrongen en niets wees erop dat hij van plan was daar ooit weer weg te gaan. Dan maar over de poes heen geaaid, dacht Ernst, maar dat stond het dier niet toe. Vrij vinnig haalde het naar Ernst uit en gromde.

'Poekie is zoet,' zei Annabeth en zette met een welgemikte aai het geluid weer op de spinstand. 'Ja hoor, natuurlijk mag je bij het vrouwtje slapen.'

Zo goed en zo kwaad het ging, hervatte Ernst de liefde. Beurtelings Annabeth en de burmees aaiend werkte hij het dier geleidelijk naar het voeteneind. De opwinding kreeg zijn lichaam nu danig in de greep. Een joekel van een erectie torende uit Ernst op. Zoiets had de burmees nog nooit gezien. Even dacht Ernst nog dat het bewondering was waarmee het dier toekeek, toen bleek het toch vooral verbazing. Op z'n gemak kwam de burmees dichterbij en ging er gezellig bij zitten in de theepotstand. Het kopje schuin nam het loensend van onder naar boven het fenomeen op. Eenmaal ervan overtuigd dat het tandeloos gevaarte niet veel kwaad kon, stak de burmees aarzelend het rechterpootje uit en tikte, de nagels ingetrokken, speels tegen de gezwollen eikel. Die veerde grappig mee. Nu het linkerpootje. De poes moest snel zijn, want zijn speeltje schrompelde met de snelheid van het licht weg. Net wilde hij eens grondig onderzoeken waar het toch was gebleven, toen hij ruw in de nek gegrepen en buiten de deur werd gezet.

Ernst was nog niet terug in bed gestapt of een klagend gemauw steeg op, begeleid door tergend krabben.

'Hoe kun je dat nu doen,' zei Annabeth verwijtend

en opende de deur voor de burmees, die spinnend weer zijn post innam. 'Kom maar jochie.'

Ernst nam zijn verlies op als een man, borg de schamele restanten in zijn nieuwe slipje op en verliet foeterend het pand. Zelf heeft hij de humor er nooit zo van ingezien, maar zijn psychiater heeft er nog vaak om moeten lachen.

De slokop

Misschien is het maar goed ook dat poezen geen handjes hebben. Zonder zijn ze al vertederend genoeg. Een poes met handjes is een beetje *overdone*. Wie zou er liever een hand willen hebben dan een kopje? Maar lastig is het wel, zo'n geamputeerd poezenbestaan, bij het eten. Drinken wordt zonder handjes lebberen, eten wordt schrokken, het kostbaarste neusje van de wereld wordt gebruikt om er bijna lege pakken vanillevla mee voort te duwen.

Wilde dieren zijn nog erger. Net honden. Op natuurfilms kun je zien hoe ongemanierd leeuwen, wolven en gieren hun antiloop of buffel slopen. Dat wroet maar, dat rijt en trekt, dat ragt en sjort, dat hakt er maar op los, dat graait in warme ingewanden als vrouwen in de bakken van de uitverkoop en laat een bloederige smeerboel achter. Natuurfilms worden dan ook graag bekeken.

Wij hebben handen. Wij kunnen netjes eten. Met die handen kunnen we netjes stukken van ons vlees aftrekken, gebraden bouten kluiven, pap scheppen. Dat hebben we dan ook eeuwenlang gedaan. Tot we, aan het eind van de Middeleeuwen, beschaafd werden en het bestek uitvonden. De rijken wilden zich hiermee onderscheiden van de armen, die juist niet onderscheiden wilden zijn en de rijken dus na-aapten, zodat iedereen nu zit opgescheept met metalen kunsthandjes in zijn echte handen. Bij een formeel diner ligt inmiddels de hele inhoud van een 'De kleine chirurg' doos 3B uitgestald en wordt ermee gemanoeuvreerd alsof het eten radioactief besmet is.

De opkomst van het bestek ging met allerlei andere veranderingen in de eetgewoonten gepaard. Gooide men vóór 1600 de afgekloven botten terug in de gemeenschappelijke pot, daarna wierp men ze netjes over zijn schouder of onder de stoel. In plaats van met de hele hand schepte men met nog slechts drie of vier vingers op, zodat er één à twee schoon bleven om in de saus of zoutpot te dopen. Veel mensen steken nog steeds een stijf pinkje uit als ze beschaafd thee willen drinken, dat wil zeggen uit hun kopje, niet van hun schoteltje zoals weleer.

Eten zonder mes en vork kan allang niet meer, met uitzondering dan door honden, wilde dieren of Amerikanen en in de buitenlucht. Laatstgenoemde uitweg heet picknicken. Op de harde grond, tussen wat we dachten dat dovenetels waren, in een korte broek vol mieren, eten we dan koude warme spijzen en drinken we er warme frisdrank bij. Blij als een lamme die zijn krukken afwerpt of een blinde die zijn zwarte bril afzet, hebben we het bestek thuisgelaten. Omdat we eindelijk weer eens met blote handen mogen eten, daarom picknicken we. Omdat er buiten zoveel mieren zijn, daarom doen we het maar één keer per jaar. Een misverstand.

Picknicken moet je binnen doen. Daar is het droog en vrij van mieren. Leg het tafelkleed op de kamervloer, laat het bestek in de la en serveer zoete, vette spijzen. Veeg na afloop de handen af aan hond of kat.

De kater

Dieren geven zich graag over aan de liefde. Ook al is die levensgevaarlijk. Liefde leidt immers de aandacht af. Een vijand heeft je dan zo te pakken. Seks is en blijft nu eenmaal bovenal: je blootgeven. In zijn opzichtig bruidskleed is een vogel al gauw gezien en met zijn geblèr roept een krolse kater menige oude schoen over zich af. Om nog maar te zwijgen van de risico's die honden lopen wanneer ze na de eigenlijke paring nog een tijdje aan elkaar blijven hangen. Het komt er dus op aan het seksuele leven in te perken. Bijna alle dieren hebben er dan ook een vaste tijd voor. Alleen in de bronsttijd zijn de runderen tochtig, de honden loops, de paarden hengstig, de katten krols, de varkens begerig en de schapen rams. Maar dan is ook niets te dol. Pronkend en bokkend, ruziezoekend en paaiend sluiten mannetjes en vrouwtjes het seksueel contract. Voor slapen of eten is nauwelijks gelegenheid. Een mannetjeszeehond heeft het zo druk met het bijeenhouden van zijn harem dat hij zes weken lang niet aan eten toekomt. Zo ook zal een hert opgelucht zijn wanneer alle vijftig dames van de roedel afdoende zijn beslagen. En wentelt onze kater zich na afloop van het seizoen moe, maar voldaan op zijn zij om eens goed uit te slapen.

Als regel is de bronsttijd zo gekozen dat de jongen

worden geboren op een moment dat er veel voedsel voorhanden is. Vandaar al het hitsig gefluit, gepronk en gejank in het voorjaar. Althans bij ons. In Luilekkerland is een bronsttijd niet nodig. Daar is altijd genoeg te eten. Voor veldmuizen ligt Luilekkerland in de korenmijt. Veldmuizen die daar zijn gaan wonen, houden zich dan ook niet meer aan vaste voortplantingstijden. Ze rommelen maar wat aan. En ook onze weldoorvoede huisdieren zijn lang zulke dieren van de klok niet meer als hun wilde voorvaderen. Het sterkst heeft het huiselijk leven ingegrepen in het seksuele leven van de mens. Die is zijn bronsttijd helemaal kwijt. Dat heeft voordelen. Maar het heeft ook nadelen. Door ons gebrek aan seksuele regels worden we het hele jaar door bestookt met seksuele prikkels. Van januari tot en met december is ons leven van erotiek vergeven. Film, reclame en theater gooien ons er dood mee. Maar ook uit eigen beweging staan miljoenen mannen en vrouwen elke morgen te aarzelen met welke kleren ze er deze dag nu weer eens aantrekkelijk uit kunnen zien. De rest van de dag zijn de mannen bezig hun territorium af te bakenen om hun vrouwen te behagen. Parfums en aftershaves moeten de erotische schijn vervolmaken. Duur en doodvermoeiend.

Waarom nemen we dit langer? Wat let ons om na de zomertijd ook de bronsttijd in ere te herstellen? Dat is pas seksuele hervorming. We hoeven het alleen eens te worden over de juiste tijd. Ik stel voor een maand in de lente, zeg mei. Vlinders fladderen dan rond, van overheidswege spelen zigeuners op elke straathoek, parfum wolkt door de straten, openbare gebouwen zijn in roze gehuld. De hele wereld één kosteloos bordeel, de Gooise matras wijdt uitgeklapt. Steden deinen van genot en tot uit het kleinste gehucht stijgt neuriënd gezang op.

Tot de maand om is. Dan ruimen we de boel op, stram in de ledematen en wat pips, maar vol prettige herinneringen. En vooral: blij dat het weer over is. Over tot de orde van de dag. Eindelijk weer aan het werk, in de kleren die het lekkerst zitten, ongehinderd door de afleidende gedachten, kroostverzorgend, geldverdienend, huizenbouwend, stukjesschrijvend. En 's nachts hoeft niemand meer hoofdpijn voor te wenden om ongestoord te kunnen slapen.

Als die verdomde krolse katten ons tenminste niet wakker krijsen.

De knijpkat

De knijpkat is de naaste familie van het gestampte muisje. Met beide vormen van verbale dierenbeulerij maakte ik al vroeg kennis in het ouderlijk huis. Het waren de jaren vijftig. Televisie hadden we nog niet. In plaats daarvan keken we radio. Rechts boven de schaal met Hilversums zat een geheimzinnige groene lamp, het kattenoog. Aan de mate waarin dit tot een groene bundel samenkneep, kon je zien hoe goed je had afgestemd: hoe smaller de bundel hoe zuiverder het station. Zo kon je zien of je het goed hoorde. Bovendien was het gezellig, zoals het kattenoog oplichtte in de schemer die door de ene lamp boven de huiskamertafel werd overgelaten.

Knijpkat en kattenoog zijn uitingen van de fascinatie van de mens voor het oplichten van poezenogen in het donker. Dit lichten wordt veroorzaakt door een reflecterende laag achter het netvlies, waardoor het licht twee keer door de zintuigcellen wordt bekeken, op de heen- en op de terugweg. Dankzij dit optisch herkauwen kan een kat zo goed in het donker zien.

Wij kinderen mochten dat niet. Vooral lezen in het donker gold als slecht voor de ogen. Wie veel in het donker las, moest vroeg aan de bril en brillen kostten geld. Om je ogen goed op gevaren in het duister voor te bereiden, moest je weinig lezen en veel worteltjes eten. Uit de oranje kleurstof in de worteltjes maakte het lichaam vitamine A en met vitamine A kon je goed in het donker zien. Walgend werkten wij de gehate groente naar binnen, boos op God omdat Hij alles wat goed voor kinderen is vies heeft gemaakt. Uit angst door nachtblindheid geslagen te worden, werkten wij ons 's zomers door hele bossen waspeen en knaagden wij 's winters op winterwortels, zij het niet zonder jaloerse blikken te werpen op de kat. Die hoefde nooit worteltjes te eten en zag toch prima in het donker.

Later als bioloog leerde ik dat poezen net als wij vitamine A nodig hebben voor hun ogen. Maar een kat is slimmer dan een mens. In plaats van de wortels eet hij de worteleters. Gestampte muisjes. Daaruit haalt hij de vitamine A kant-en-klaar. Zo levert zijn prooi hem de stof om prooi te kunnen vangen.

In al zijn volmaaktheid staat het kattenoog bij biologen te boek als een pronkstuk van de evolutie. Volgens negentiende-eeuwse dominees was het daarentegen een bewijs dat er een Schepper aan het werk was geweest. Zoiets verfijnds als een kattenoog of als de verdeling van de mensenrassen over de aarde – zwarte waar het warm, witte waar het koud is – kon alleen bestaan als Iemand het bedacht had. Waar een horloge is, vond dominee William Paley, moet een horlogemaker zijn. Voltaire dreef de spot met dergelijke opvattingen door te jubelen over onze neus, die van God de ideale vorm had gekregen om er een bril op te zetten, en volgens Sigmund Freud kon je dan net zo goed het bestaan van een Schepper afleiden uit het feit dat er in de vacht van een kat twee gaten zitten precies op de plaats waar de ogen horen.

Misschien is de mens inderdaad door een Grote Horlogemaker geschapen. Gezien het resultaat zou ik mijn horloge echter elders ter reparatie aanbieden. Die mens van Hem lijkt nergens op. En dat terwijl de Schepper het, zoals aan elke kat te zien is, best kan.

De jaguar

Natuurlijk zijn er zowel jongenspoezen als meisjespoezen. Anders werkt het niet en zitten we snel zonder. Maar zet er eens een hond bij. Naast dit blaffend symbool van mannelijkheid stralen zowel katers als poezen louter vrouwelijkheid uit. In mensenogen hebben honden – hetzij reu, hetzij teef – altijd de broek aan, poezen iets verleidelijks met veel kant. Daarom heten honden Kazan en poezen Minet; daarom ook doen poezen ons denken aan Madonna of Marilyn Monroe en honden hooguit aan Churchill of Norbert Schmelzer. Waar blijft de sekshond, waar de waakpoes? Waarom zijn vrouwen zo kattig en mannen zo honds? Het antwoord is verscholen in hun lichaamsvorm.

Waaraan herkent elk mens de vrouwen van zijn eigen soort al van veraf? Aan hun contour. Iets anders zie je immers niet. Je ogen hebben alleen contact met de buitenkant, de eigenlijke vrouw zit daarbinnen. Waar een man op valt, is puur de verpakking: de rondingen en de lijnen. Deze zijn niet gemaakt van echt mens, maar van vet. Mannen hebben dat ook, vet, maar bij hen is het gelijkmatig over het lichaam verdeeld, met uitzondering van notoire overschotten, die zo nodig in het buikje worden opgeslagen. Vrouwen daarentegen gebruiken hun vet voor hun model: hier wat meer, daar wat minder. Zoals de man zich qua secundaire geslachtskenmerken onderscheidt door veel haar op de daartoe geëigende plaatsen, doet de vrouw dat met veel vet. Deze speklaag geeft haar een grote voorsprong op het gebied van de stroomlijn. Zwemmen is niet voor niets de sport waarin vrouwen uitblinken.

Op het land is stroomlijn onder de zoogdieren vooral te vinden bij de katachtigen. Dat zit in de familie. Zowel uw poes als een jaguar of cheetah zijn snelheidsmaniakken. In tegenstelling tot de hond en wolf, die hun prooi door middel van langdurig doorhollen afmatten, zijn kat en jaguar echte sprinters, die in een korte uitbarsting al hun energie omzetten in snelheid. Stroomlijn is hierbij een eerste vereiste. Vet zit er echter niet aan, aan die katten; hun stroomlijn hebben ze te danken aan hun vel, dat als een iets te ruime jas lekker los zit. Dat aait niet alleen goed, het kleedt ook alle bewegende onderdelen goed af. Voor poes zelf is dit strikt functioneel, die valt niet op een mooi figuur. Als zovele dieren kiezen poezen hun partner op de reuk, niet op het uiterlijk. Mensen daarentegen herkennen in hun poes ogenblikkelijk de rondingen en gratie die ze bewonderen in vrouwen van hun eigen soort. Als zoogdier bij uitstek gaat het de mens vooral om de buitenkant; wat er in de vrouwelijke vormen zit, doet aan de bezitsdrang van een man weinig af. Al is het een fraaie stoel of auto. Vormgevers grijpen dan ook graag terug op vrouwelijke vormen, die hun aantrekkingskracht al honderdduizenden jaren hebben bewezen: stoelpoten als de benen van Marlene, spatborden als wulpse dijen, een radiator om te zoenen. Onweerstaanbaar. Mannen komen op de wereld met een ingebouwd programma om op vrouwelijke vormen van de eigen soort te vallen. Anders werkt het niet en zitten we snel zonder.

Zodoende rijdt menige man in een auto vol vrouwelijke symbolen en vindt dat leuk. Maar vrouwen dan? Moet je voor vrouwen dan geen mannelijke auto's maken, gemodelleerd wellicht naar de hond? Nee, dat moet je niet. Vrouwen vallen op hun eigen vormen. Eén keer binnenlopen in een inloopzaak van tijdschriften bevestigt dit afdoende. Op de bladen speciaal voor mannen staan als *cover* steevast vrouwen, maar op bladen speciaal voor vrouwen ook. Of het nu de *Playboy* is of de *Margriet*, allemaal lokken ze met vormen van vrouwen. Mannen zowel als vrouwen houden dan ook van auto's met een vrouwelijk, dus katachtig appeal. Als ze van auto's houden.

Zelf heb ik geen auto. Ik doe het met een echte poes. Zij heet Arie.

De boompoes

Als katten zin hebben om ook eens een dolletje te maken, gaan ze hoog in een boom zitten doen of ze er niet meer uit kunnen. Dan duurt het niet lang of een opgetrommelde buurman dondert door een dode tak en de brandweer wordt gebeld. Ervaren brandweren blijven echter in hun kazerne klaverjassen. Dat werkt in de praktijk het beste. Vroeg of laat gaat het de kat vervelen en komt hij vanzelf beneden om te eten. Of ziet u geregeld dode katten hoog in de bomen hangen?

Al zijn het allebei zoogdieren, toch verschillen mens en kat een hele dimensie. Leven u en ik met beide voeten op de grond, in twee dimensies, een kat heeft er met zijn geklim een derde bij. Dat is een bron van misverstanden. Honden begrijpen er ook niks van. Het ene moment jagen ze nog lekker achter een poes aan, het volgende is die in een onbekende dimensie verdwenen. *Star Wars*. Verstandige poezen houden bij contact met honden altijd een boom achter de hand.

Een poes kan een beetje vliegen. Niet zo goed als een vogel, maar lang niet zo slecht als een mens, vliegt hij zijn boom in. Daar voelt hij zich als een vis in het water. Een poes uit zijn boom redden is dan ook net zo stom als, wat je hengelaars ziet doen, vissen uit het water redden. Een poes is net als een vis op zijn drie dimensies afgestemd. Hij heeft een veel beter evenwichtsorgaan dan wij.

De eerste etappe de boom in springt een poes vanaf de grond. Dan haakt hij zich met zijn nagels in de bast en duwt hij zich met zijn achterpoten omhoog. Terug naar de aarde maakt een poes een minder zelfverzekerde indruk omdat zijn nagels nu verkeerd om staan, maar zo nodig laat hij zich achterstevoren zakken, als een oud vrouwtje dat een keldertrap afsukkelt. Het enige wat een kat daarbij inschiet, is zijn waardigheid, maar eenmaal beneden doet hij of er niets gebeurd is.

Buiten de boom heeft een poes zijn nagels meestal ingetrokken. Maar van het ene op het andere moment verandert de fluweelpotige in een klauwier. Dan prikt het beest dwars door de lieverd heen als een cactus door het bloemistenpapier. Mensen kunnen dat niet met hun nagels. Die zijn ook veel te plat om als klimijzer te dienen. En anders houdt de hoogtevrees ons wel uit de bomen.

Hoogtevrees heeft te maken met een slecht ontwikkeld evenwichtsgevoel. Gewoon op straat lopen gaat als mens wel, maar zodra je een trap op of af moet, krijg je behoefte aan een leuning. Niet om op te leunen, maar om je evenwichtsorgaan een vaste coördinaat te geven. Is er geen leuning, dan klampt je hand zich nog iets steviger aan het hengsel van de boodschappentas vast.

Om poezen uit bomen te halen, gebruiken mensen een zelfgemaakt soort boom: de ladder. Aangezien een mens niet als een kat op zijn tenen, maar op zijn hele voetzool loopt, heeft zo'n ladder in kattenogen belachelijk brede treden.

Zo snel hij kan, klimt de mens op zijn ladder omhoog naar het arme poesje dat daar zit te mauwen. Het arme poesje kijkt zijn ogen uit. Hij kan het nauwelijks geloven: de baas kan vliegen! Snel springt de poes zijn boom uit om eens goed te kijken hoe een mens dat doet.

Kat van gescheiden ouders

Alle begin is helemaal niet moeilijk. Ergens mee ophouden, dat is, weet elke drinker, het probleem. En nergens is dat moeilijker dan in de liefde.

Elke relatie, van een babbeltje met de groenteboer tot en met de Ware Liefde, is eenvoudig te beginnen met een groet. Het is een kleine moeite iemand welkom te heten; zelfs dieren groeten elkaar regelmatig. Maar uit elkaar gaan, dat is de kunst. Veel echtparen blijven louter bijeen omdat ze niet goed weten hoe ze afscheid zouden moeten nemen. Uiteindelijk lost de dood dat probleem dan voor ze op en scheidt ze. Voor dagelijks gebruik is dat wat ingrijpend en worden liever de Nederlandse Spoorwegen ingeschakeld. Het is altijd weer aardig om te zien hoe twee gelieven elkaar bij de laatste trein ten afscheid hartstochtelijk kussen, halverwege de treeplank, vooral als de trein om een of andere reden maar niet wil vertrekken, wat veel van beider uithoudingsvermogen en ademhalingstechniek vergt. Vertragingen ontwrichten meer dan de dienstregeling.

Dieren nemen geen afscheid, zelfs niet in de liefde. Na een geslaagde paring bergen de meeste mannetjes hun zaakje op en gaan ervandoor. Er zijn er wel die een tijdje voor de jongen helpen zorgen, maar dat stelt het afscheidsloze vertrek slechts uit. Het dichtste wat ik een poes bij afscheid nemen heb zien komen, was het verliefd kopjesgeven tegen een vlafles die hij tot de laatste lik had leeggeschraapt. En als regel blijven achterblijvende dieren even onverschillig onder het vertrek als de vertrekkende. Het lijkt ze weinig te kunnen schelen om opeens weer alleen te zijn. Pijnlijk wordt het pas als wij de achterblijver zijn.

Mensen nemen afscheid uit eigenbelang. Terwijl je je spijt over het uiteengaan betuigt, hoop je dat de ander zo vriendelijk wil zijn te doen of hij het ook zo erg vindt. Dan heb je zijn zegen en ben je ontslagen van het schuldgevoel over het verraad dat elk vertrek is. Zo is het tussen mensen goed geregeld. Maar een poes bijvoorbeeld heeft daar geen boodschap aan. Die stapt van je schoot zonder enige opgave van redenen of verdwijnt soms zelfs zonder ook maar één blik achterom uit je leven, je tot lang nadat het opsporingsbriefje bij de supermarkt is vergeeld, achterlatend met een schuldgevoel. Wat heb je fout gedaan? Schoot je liefde tekort? Is er een ander in het spel?

Het omgekeerde – als mens je poes verlaten – is even pijnlijk. Hoe vertel je hem dat je alleen maar op vakantie gaat? Drie weken lang knaagt je geweten en dat neemt bij thuiskomt alleen maar toe. Een béétje poes pepert je je trouweloosheid in en keert je het kontje toe; het enige wat als welkom tegen je opspringt zijn zijn vlooien.

En dat is nog maar een tijdelijk probleem. Wat te doen in het geval van echtscheiding? Wie krijgt de katten? En hoe zit het met de alimentatie of bezoekregeling? Vallen katten onder de huwelijkse voorwaarden? Kent iemand een echtpaar dat omwille van de poezen bijeen is gebleven?

Scheiden is een kwestie van geven en nemen. Als je het vaak hebt gedaan, weet je dat het niet meevalt steeds weer wat water in de wijn te moeten doen. Maar af en toe een blokje ijs in de jenever kan natuurlijk best heel lekker zijn.

De inboorling

Welk dier zou ik willen zijn? Een leeuw? Een vlo? Een vogel vrij in de lucht? Midas Mus? Ach welnee, laat maar, mens is leuk zat. Een mannetjesmens of een vrouwtjesmens, dat is moeilijk te kiezen, maar mens moet het zijn.

Tweedst weet ik ook. Voor als mens om een of andere reden op is. Dan wil ik poes zijn. Veel poes. Zo'n dikke. Je eigen poes zijn, dat is handig. Andermans poes zijn is ook een mooi vak. Door het exploiteren van menselijke afwijkingen kom je als poes moeiteloos aan de kost. Maar de voornaamste reden om poes te willen zijn is nog een andere. Een poes kan iets wat ik niet kan en wat me hopeloos jaloers maakt: een poes kan domweg zitten, zomaar, uren achtereen desnoods, in de zon of voor de kachel, roerloos uitgestrekt of roerloos ineengedoken. Ook al kijkt hij hierbij of hij mediteert, ik twijfel er niet aan of in dat kopje gaat op zo'n moment niets om. Zelfs geen glimp van eten. Dat is nu juist het afgunstwekkende: dat zo'n poes zich ongehinderd door enige gedachte van de aarde losmaakt, zonder enig plan om uit te voeren, wat moet aanvoelen alsof je geleidelijk oplost, verdampt, vervloeit met je omgeving. Soms bereikt deze onthechting zo'n volmaakte staat dat een overigens volstrekt normale poes verzaligd zomaar – WHAMM! –

van zijn stoel of vensterbank afdondert. Het deert hem niet, wie zojuist het geluk heeft gevonden, maalt nergens om.

Vergelijk dat eens met een hond, almaar hijgend kortstond plezier najagend, almaar onrustig, niet-aflatend belust op paaltjes om de poot tegen op te heffen, tot in zijn slaap bedacht op de aanwezigheid van baasjes met nog ongelikte hielen. Of met de mens, het hoofd nog steeds vol gedachten, hoe onbenullig ook, als een verslaafde jagend achter prikkels, als een hond achter zijn eigen staart.

Het was dan ook een hele sensatie voor me toen in 1971 op de Filippijnen een nieuw soort inboorlingen werd ontdekt. Al jaren kijk ik af en toe jaloers in zo'n avontuurlijk boek naar foto's van deze stam, de Tasaday, die volgens de bijschriften een hoge mate van primitiviteit paren aan groot geluk. De inboorlingen leven in kleine groepen in grotwoningen temidden van een paradijselijk woud. Een exotische vrucht hier, een voedzame knol daar en wat riet voor de rokjes, dat is al wat ze nodig hebben. Reizen doen de Tasaday niet, hun naastes vrouw begeren ze niet, het natuurlijk evenwicht behoeft zich om hen geen zorgen te maken. Het plaatje waar ik het langst naar kijk, is dat van de Tasaday in rust. Na een uurtje eten en een halfuurtje bezitten van de enige vrouw die ze mogen begeren, brengen Tasaday het merendeel van hun dag door met domweg zitten. Zwijgend hurken ze de hele middag en avond voor hun holen, zomaar, bijna plantaardig, als evenzovele poezen voor de kachel. Niets meer hebbende om na te streven, het geluk is al bereikt. Zo'n Tasaday zou ik – wat kost nu nog een kokosnoot of knol? – best in het zonnetje op mijn vensterbank willen hebben. Maar 't zal niet wezen.

Sinds kort ben ik een illusie armer. Ze hebben er een volkenkundige heen gestuurd. De Tasaday blijken een fabel, een eenhoorn, een mythe. Ze bestaan wel, maar ze zijn helemaal niet zo primitief. Ze spelen het alleen maar, omdat ze moeten, althans moesten, van iemand uit de Filippijnse Marcos-clan. En tegen betaling. Volendam op de Filippijnen. Een verslaggever in het kielzog van die vervloekte volkenkundige heeft mijn laatste hoop op onthechting bij de mens de bodem ingeslagen met zijn waarneming dat de Tasaday onder hun rieten rokjes duidelijk zichtbaar onderbroeken dragen. Rode of blauwe, meldt *NRC Handelsblad*.

Wat nu? Poes toch? Maar een mens wordt achterdochtig. Wat draagt poes onder dat heerlijke vel? Rood of blauw? Ik durf niet te kijken.

De kakmadam

Poep is vies, poepen is lekker. Al zijn er geen gedichten over geschreven als over de liefde, al hebben kranten naast hun kookrubriek geen poeprubriek, toch is poepen een van de grotere lichamelijke genoegens. Misschien is het juist de vanzelfsprekendheid die het zo bevrijdend maakt. Er zijn geen boeken met standjes voor nodig, er is geen vereniging van, een kind kan de was doen. Maar het blijft een creatief proces, je máákt iets. Veel mensen zie je dan ook van het toilet afkomen met een vage glimlach, zo niet met onverholen trots.

Bij het poepen valt er iets van je af; het is letterlijk ontlasting. Dat stempelt het tot een genoegen van een andere tijd. De behoefte om je van een deel van jezelf te ontdoen hoort thuis in de tijd van aderlaten en lavementen. Nog in de vorige eeuw werd er fundamenteel anders over je welbevinden gedacht. Voelde je je niet lekker, dan stak er kwaad in je en dat moest eruit. Aderlaten was de gebruikelijkste remedie. Met het bloed vloeiden alle kwade sappen je lichaam uit. Verder waren er braakmiddelen of zweetkuren en met een klisteerspuit werd je lichaam aangespoord zich via de achteruitgang te reinigen. Tegenwoordig gaat het precies andersom. Er wordt geen bloed meer uitgehaald, maar ingestopt. Zou een zeventiende-eeuwer een moderne bloedtransfusie zien, hij zou denken dat het om gezondheid van de donor te doen was. Zo ook is de aandacht voor gezond poepen geheel verschoven naar die voor gezond eten. Er moet, vinden we tegenwoordig, niet zozeer iets kwaads uit als wel iets goeds in: zemelen, vitaminen, plasma, een injectie.

Poepen is omgekeerd eten. Soms lijkt het of we dit genoegen tegenwoordig vooral overlaten aan onze dieren. Mensen zie je zelden meer poepen, honden des te meer. In de grote steden zijn hier enorme hondentoiletten voor ingericht, vaak vernoemd naar beroemde Nederlanders. Het Vondelpark is hiervan het bekendste voorbeeld. Ik ga er vaak heen, maar echt trek om zelf mee te doen, krijg je van poepende honden niet. Daarvoor moet je toch bij de poezen zijn. Zoals hun wonderpoepertje zich opent en weer sluit om het binnenste toegang tot het buitenste te verlenen, zo subtiel wordt het elders in het dierenrijk niet vertoond. En ook in de keuze van de plaats van ontlasting getuigt een poes van smaak. Geen dier weet zo trefzeker de welriekendste bloemen te kiezen, de zojuist geplante rozen van de buurman, als de kat. Planten kweken is poezen verbouwen.

Binnenshuis stelt de poes hoge eisen aan de vulling van de kattenbak. In *Trouw* schreef Johan ter Hove niet zonder trots dat zijn kat slechts wilde poepen op snippers van dit confessionele ochtendblad, iets waar ik weinig van begrijp: toen mijn katten nog op kranten wilden poepen, in de jaren zestig, waren we er juist trots op dat ze dat bij voorkeur op *De Telegraaf* deden. Maar het idealisme is verpieterd; moderne katten willen korrels. Om ze te behagen, worden hele gebergten vermalen, tot miljoenen kilo's kattenbakkorrels, want als de kat niet tot de berg komt, dan zal de berg tot de kat gaan. Dat loont de moeite, gezien het fanatisme waarmee mijn poes zo snel mogelijk van een schone bak datgene maakt waaraan hij zo'n hekel heeft: een vuile bak. Blikken van poezen zijn altijd moeilijk in te schatten, maar volgens mij vertoont ze daarbij de uitdrukking van volslagen stompzinnigheid die bij poezen wel vaker met opperst geluk samengaat. De kakmadam.

De angora

De eerste grote liefde van Linda heette Kees-Jan. Kees-Jan was knap, charmant, teder en wiskundestudent. Getallen beheersten zijn leven.

'Jullie vrouwen,' zei hij op een avond, knus naast Linda op de bank, 'jullie gaan helemaal verkeerd met cijfers om. Hoeveel de pindakaas kost, weten jullie op de cent en jullie zwangerschappen worden tot op de dag nauwkeurig uitgeteld, maar als het erop aankomt, gooien jullie er met de pet naar.'

'Zoals?' wilde Linda weten.

'Zoals met mannen. Als ze aan de man wil, staat een vrouw voor een dilemma. Moet ze meteen haar eerste grote liefde trouwen, met het risico straks een nog grotere liefde mis te lopen, of kan ze hem maar beter laten gaan, met het risico dat ze de Ware Jacob weggooit?'

'Nou, en?' vroeg Linda, net iets te geïnteresseerd.

Kees-Jan legde het uit. 'Volgens de Amerikaanse wiskundige John Paulos moet je eerst uitrekenen hoeveel vrijers je af denkt te werken. Hiervan wijs je de eerste zevenendertig procent consequent af. Vervolgens neem je de eerstvolgende vrijer die beter is dan elk van de vorigen.'

Dat had Kees-Jan niet moeten zeggen. Dezelfde avond nog stond hij op straat.

Een vermoeiend doch rijk liefdeleven brak voor Linda aan. Zwarte mannen en witte mannen, studenten en metselaars, links- en rechtsdragenden gingen haar appartement in en weer uit. Toen, op het drieëndertigste van de zevenendertig procent, ontmoette ze Peter. Ze was op slag verliefd. Als betoverd liet ze zich naar zijn kamer meetronen. Ze kusten en streelden en staarden en zuchtten als in een kasteelroman, maar het was, wist Linda, wereldliteratuur.

Het enige dat Linda in haar roes opviel van de omgeving was hoe schoon en opgeruimd het bij Peter was.

'Heb je een vrouw om het allemaal zo schoon te houden?' vroeg ze, maar hij lachte haar achterdocht weg. 'Ik moet wel zo schoon zijn, ik ben nogal allergisch.' Verder spraken ze slechts van de liefde en dat hij gauw bij haar moest komen eten.

Het eten werd een ramp. Linda had een kat, een rode, een angora bovendien. De kattenharen deden hun werk. Nog tijdens het voorgerecht begonnen Peters ogen te tranen, tijdens de biefstuk kreeg hij alom rode vlekjes en de tijd die voor het toetje was bestemd, verdeed hij met krabben. Van lichamelijke liefde kon onder deze omstandigheden geen sprake zijn. De angora spinde.

Van nu af hadden Linda en Peter elkaar alleen bij hem of op neutraal, kattevrij terrein lief. Dagelijks borduurden ze voort aan hun geluk tot Peter Linda ten huwelijk vroeg.

'Ja,' zei ze.

'Echt waar?' riep Peter dolgelukkig uit. 'Doe je dan echt de kat weg?'

'Nee,' zei Linda.

De kiem van het kwaad was gelegd. Steeds vaker dook de kat op in de gesprekken, die er niet beter op werden. In de bibliotheek zocht Peter op hoe oud een poes kan worden. Dat viel niet mee. Uiteindelijk, in een hoekje van het stamcafé, stelde Peter de portefeuillekwestie.

'Ik hou van jou,' zei hij.

'Ik ook van jou,' zei zij.

Toen hij weer: 'De kat of ik.' Zij koos.

Spinnijdig beende Peter het café en Linda's leven uit. Vlak voor de uitgang botste hij tegen Sofie, de boezemvriendin van Linda, op.

'Wat is er met jou?' zei ze.

'Barst!' zei hij.

'Whammm,' zei de deur.

Sofie begreep het. 'Het is uit, hè?' zei ze tegen Linda. Beide vriendinnen bleven kletsen, tot sluitingstijd. Voor de deur van het café namen ze afscheid.

'Nou, het beste,' zei Sofie.

'Jij ook,' antwoordde Linda. 'En nog bedankt voor het lenen van de kat.'

Thuis zette Linda er voor het slapengaan in haar dagboek een streepje bij. Nog drie, dan mocht ze er eindelijk eens een houden.

Het huisdier

Het grote verschil tussen mijn poezen en mij is dat ik van ze hou. Wat mijn poezen in mij zien, is me net zo'n raadsel als wat een vrouw ziet in een vent. Wat heeft, afgezien van van dattem, een man een vrouw te bieden? Wat een mens een poes, dat een vrouw niet aan een vrouw, een poes niet aan een poes kan schenken? Kennelijk beschouwt zowel een vrouw als een poes me toch een beetje als een soortgenoot. Wat een poes betreft, is het bewijs zelfs te leveren: als je kat je niet als medekat zou beschouwen, waarom spreekt hij je dan altijd in het Kats aan?

De grote overeenkomst tussen mijn poezen en mij is onze pestpokkenkolerehekel aan de stofzuiger. Zodra de stofzuiger weer loeit, zitten mijn poezen en ik op zolder. Daar wachten we het einde der tijden af. Wat het nu precies is, waarom een stofzuiger me tot waanzin drijft, veel meer dan een sapcentrifuge of de magimiks, heb ik moeten leren van mijn poezen. Het is niet de kankerherrie *an sich*, want van de Tweede Wereldoorlog of de Invasie van Mars op de televisie trekken ze zich niets aan. Dat stompzinnige gejank van een stofzuiger, dat onaflatende, die discrepantie tussen overlast en nut natuurlijk, kijk dan toch naar de reactie van je poezen: een stofzuiger, dat is een elektrische hond. Kijk maar naar de hondenbuik van zo'n sledemodel, het blindelings opschrokken van al wat voor de bek komt. En wat zuigt hij op? Bij ons in huis bestaat het stof voornamelijk uit kattenharen. Soms zit er in de stofzak bij elkaar een halve kat. Zonde om weg te gooien.

Nu lees ik het ook bij een echte filosoof, Jan Vorstenbosch, in zijn bespiegelingen over *Twaalf huishoudelijke apparaten*: 'De manier waarop de stofzuiger de mens volgt en zijn werk doet, heeft alles van een huisdier dat wordt uitgelaten.' Een huisdier dat wordt uitgelaten, dat kan alleen een hond zijn. Let ook op het rukken aan de slang, de zuigbuik die niet mee wil komen, treuzelend bij een interessante stoelpoot. En toch klopt er iets niet. Kijk eens goed. In een stofzuiger zit de hond verkeerd om. Zijn staart zit aan de verkeerde kant, voorop, in plaats van aan het uiteinde dat bij stofzuigers eufemistisch de blaaskant wordt genoemd. Daar raakt een mens van in de war. Vanaf ons prilste begin, als één cel, wisten we al wat voor en achter was, omdat het plasma aan de kopkant anders was dan aan de kontkant. Het is dan ook een hele belevenis voor een kind om op het eerste uitje van zijn leven, naar de dierentuin, meteen al een verkeerd om dier te zien, de olifant, met zijn ogen boven zijn staart.

Lieve ouders bereiden hun kind op de schok voor. Zij schenken thee uit een echte theepot, met een tuit als een trompetterende olifant. Een theepot pist uit zijn neus. Dat is raar, weet een kind, want iets ergens uit hoort van achteren te komen. Zelf kende ik als kind plastic ezeltjes die, als je aan hun staart zwengelde, sigaretten poepten. Van achteren. maar dat zal van mevrouw Borst wel niet meer mogen. We hebben recht op ezelsvrije ruimten.

Dat gevoel voor verhoudingen toch het best samengaat met gevoel voor katten, blijkt uit theepotten in de vorm van een kat. Nooit zie je er een waarbij de thee uit de staart komt. Steeds zijn de voorpootjes zoet tot een tuit aaneengebakken en zit de staart gewoon van achteren, als handvat. Ik hou daarvan, een poes die liefde schenkt zoveel je wilt, ook al heb je hem eerst zelf moeten vullen.

U ook een kopje?

De gesluierde schoonheid

Een koe heb je voor de melk, een varken voor het vlees en een poes voor het haar. Veel meer dan haar krijg je van een poes niet te zien. Alleen de ogen steken door de vacht heen, wat poezen het geheimzinnige geeft van gesluierde vrouwen. De rest laat zich slechts raden. Het ontroerend rode tongetje dat af en toe even zichtbaar is, kan die vermoedens alleen maar aanwakkeren.

Een poes heeft 40 miljoen haren: 5 miljoen op de rugzijde, 10 miljoen op de buikzijde en 25 miljoen op uw bankstel. Want zindelijk zijn poezen niet. Poepen doen ze netjes op de bak, maar hun haren laten ze als een permanent waas achter zich. Haar voor haar versluieren ze de omtrek van kussen en tapijten en dan nog houden poezen haren genoeg over om op te likken en in te slikken, tot ze als een fluwelen drol worden uitgekotst. Want al is het een wonderdier, de poes, een stofzuigerzak zit er niet in.

Poezenharen hebben een opmerkelijke eigenschap: zo gemakkelijk als ze van de poes loslaten, zo stevig hechten ze zich aan stoelen en banken. Stofzuigers staan hier machteloos. Eén voor één eraf plukken is het enige wat erop zit, maar daarmee hou je het tempo van de haaruitval niet bij. Hier wreekt zich de structuur van haren. Haal je een poezenhaar door je vingers dan voelt hij van de punt naar de wortel stroever dan van de wortel naar de punt. Dat komt door de schubben rondom elke haar. Die liggen dakpansgewijs over elkaar, maar in tegenstelling tot de pannen op een echt dak wijken de haarschubben niet aan de onder- maar aan de bovenkant. Zo worden losse haren bij elke beweging vanzelf uit de vacht gewerkt. Eenmaal eruit haken de schubben zich ongenadig in de vezels van kussens en kleedjes vast.

Volgens de boekjes is een poes een-, hooguit tweemaal per jaar in de rui. Wij weten beter. Er gutst een ononderbroken haarstroom van kat naar kussen. In spanning wacht je af wanneer de haren op zijn en je je poes in zijn ware gedaante leert kennen. Maar dan kun je lang wachten. Al zit er genoeg haar op het bankstel om er drie complete poezen van te maken, het wordt steeds weer op tijd vervangen. Voor elke gekapte haar wordt, net als bij goed bosbeheer, een nieuwe aangeplant. Houdt de poes in een centrale administratie bij hoeveel haren er welke dag in welke sector moeten worden bijgemaakt? Dat hoeft niet. Elke oude haar wordt naar buiten gewerkt door de nieuwe haar eronder, die dus rooit en plant tegelijk. Een mooi systeem voor een dier dat geen kapper heeft.

Een poes heeft een zwaar leven. Om de rui bij te houden, spint hij elke dag vijfhonderd meter haar. Terwijl u jaloers kijkt hoe lekker lui hij erbij ligt, zwoegt de arme schat op zijn exorbitante dagproductie. Dát is wat hij doet als u denkt dat hij niks doet. Groeien poezenharen dan zoveel sneller dan de onze? Nee, dat scheelt niet veel. Maar het zijn er ruim honderdmaal zoveel. Wij moeten het boven op ons hoofd met honderdduizend stuks doen. Daarvan vallen er dagelijks maar vijftig uit.

Ze zeggen dat je haar na je dood nog even doorgroeit, maar dat lijkt maar zo. Doordat de huid zich als gevolg van de lijkverstijving samentrekt, is er domweg iets meer haar te zien. Maar dat is niet iets om je zorgen over te maken. De meeste mannen vragen zich eerder bezorgd af of er nog groei is voor de dood.

De dakhaas

Alles heeft zijn grenzen. Neem je een te grote tent, dan kun je hem niet dragen, is hij te klein dan pas je er niet in. Er zijn tentjes zo klein dat je ze *aan* hebt. Dan heten ze geen tent meer, maar kleding. De meeste kleren zitten echter aanmerkelijk ruimer dan de kleinste tent als de mode *oversized* is. Het is dan steeds weer een verrassing wanneer een nieuwe partner zich uitkleedt; meestal komt er veel minder uit dan je gehoopt had.

Poezen gaan hun hele leven *oversized* gekleed. In hun slobbervel vervloeien ze in rust mooi met hun omgeving en in geval van nood grijp je ze handig in het al even losse vel van hun nek. Een poes bestaat voornamelijk uit vacht. Hoe weinig er zonder vacht van ze overblijft, kun je ook nagaan zonder ze te villen; een kwart minuut onder de douche volstaat. Daar wordt een poes niet zozeer natter van als wel kleiner. Nog duidelijker wordt de bewoner van de poezenvacht zichtbaar als de poes bij een gevecht een flinke open jaap heeft opgelopen en je inkijk hebt tot op de binnenband. Die zit dieper dan je dacht en is gladder, glanzender en gaver dan je voor mogelijk had gehouden. Het is net of er in de gewonde poezenpoot een hazen- of konijnenbout is ingebouwd. Opeens verwondert het je niet meer dat er in de oorlog zoveel kat is verkocht als haas.

Zo'n snee dwars door de huid ziet er overigens ernstiger uit dan hij is. Wij zouden zoiets meteen moeten laten hechten, maar bij een kat trekken de randen van de wond meestal vanzelf naar elkaar toe, zodat ze zonder een litteken achter te laten kunnen helen. Bij ons wordt die toenadering bemoeilijkt door het onderhuidse vet, dat beide randen van elkaar houdt, waardoor een gapende wond blijft gapen, met alle kansen op een infectie van dien.

Wij zitten niet zo los in ons vel als een poes, maar *oversized* is het onze niet minder. Dat blijkt wanneer je ouder wordt en het begint te rimpelen. Daarvóór was je huid ook al ruim bemeten, maar trok hij zichzelf strak. Pas wanneer de rek eruit is, gaat hij golven als een verregend stuk papier. Aan de toppen van de rimpels hoopt de overtolligheid zich op, in de dalen blijft de huid stevig aan het lichaam eronder verankerd. Bovendien verslappen de spieren in de huid. Nu hadden we er toch al niet te veel van – geen mens kan zo heerlijk als een paard met een plotselinge spiertrekking in de huid een vlieg van zijn flanken opjagen – maar ook waar wij er wel ruim mee bedeeld zijn, in het gezicht, verslappen ze, zodat het rimpelende hoofd steeds minder mimiek toelaat.

Katten hebben lang niet zoveel onderhuids vet als mensen. Het beetje dat er zit, dient vooral als smering om de huid over het lijf te laten glijden, zodat een vijand er weinig houvast aan heeft en met een pluk haar in de bek achterblijft. In deze loshuidigheid schuilt het geheim van de onovertroffen aaibaarheid. Het geeft een aai bij een poes net dat extra meegaande dat andere dierbaren ontbreekt en waardoor het koesteren van bijvoorbeeld een konijn of mens toch nooit helemaal wordt wat je je ervan had voorgesteld. Had hij niet zo heerlijk in zijn vel gestoken, we hadden de poes nooit onze huizen ingehaald en op satijnen kussens onthaald als een speciaal soort ons, een erelid van de mensheid: *Homo sapiens* honoris causa.

De gekke kat

Zij de platen van de Rolling Stones, ik die van de Beatles. Zo eenvoudig leek mijn scheiding, lang geleden. Scheiden kun je het best kort na je huwelijk doen, als er nog niet zoveel is om weer te moeten delen. Maar ook weinig kan te veel zijn. Ik de Beatles en zij de Stones, daar heb ik nooit spijt van gekregen, maar terwijl zij de katten nam, kreeg ik de cavia's. Neem nooit cavia's als man alleen. Dat ze klein waren, kwam goed uit in mijn eenkamerwoning, maar hun fluitend gepiep leek me meer voor de wijde hoogvlakten van Peru bestemd, zeker 's nachts. Ieder geritsel in mijn bed werd door de cavia's als een belofte van nieuw voedsel geïnterpreteerd, wat mijn met veel pijn en moeite opnieuw opgebouwde liefdesleven geen goed deed; fluitend piepen is slecht voor de mannelijke concentratie. Waarschijnlijk is mijn interesse voor Peruaanse caviarecepten in die tijd ontstaan.

Lopen dieren bij een scheiding een trauma op, zoals kinderen? Bij gebrek aan gericht onderzoek zijn gegevens hierover louter anekdotisch. Een zo'n anekdote loopt al jaren bij mij over de vloer in de gedaante van een gemelijke lapjeskat, die ik in mijn maag gesplitst kreeg omdat de eigenaar chronisch in scheiding lag, met alle huiselijke ruzies van dien. Of ik voor het arme diertje, ongeveer een jaar oud, wou zorgen. Eén blik was voldoende om te zien wat eraan schortte: het beest was knettergek. In mijn hoogmoed meende ik, die zoveel over poezen had gelezen, daar wel iets aan te kunnen doen. Helaas bleken poezen ook in hun krankzinnigheid ongevoelig voor menselijk ingrijpen. Wat ik ook heb geprobeerd, ze begrijpt me niet. Een poging tot een aai wordt als een doodklap opgevat, ze jammert om het eten dat ze zojuist gekregen heeft en haalt uit naar iedereen die aardig doet.

Het was een openbaring voor me dat er op aarde ook poezen zijn waar ik niet van houd. En daarin sta ik niet alleen. Ook mijn andere poezen hebben weinig op met mijn onprettig gestoorde kat. Soms wens ik haar dood, maar dat helpt bij poezen net zomin als bij cavia's. Daarom droom ik meestal maar dat er op een goede dag wordt aangebeld door twee potige poezen met witte jasjes aan, die mijn geschifte kat ondanks haar tegenstribbelen vakkundig in een dwangbuis dwingen en naar een bosrijke omgeving afvoeren. Voor haar eigen bestwil natuurlijk.

Het zal een droom blijven. Er bestaan geen poezengekkenhuizen. Afgezien van wat modieuze geld-uit-de-zakkloppers in New York en Parijs is er niemand die de ziel van poezen knijpt, laat staan dat andere dieren psychiatrisch worden onderzocht. Gekke poezen, muizen met een minderwaardigheidscomplex, manisch-depressieve cavia's, schizofrene schildpadden: ze moeten maar zien hoe ze het redden. Zelfs aan gekke koeien en dolle honden komen geen psychiaters te pas.

Dat er geen dierengekkenhuizen bestaan, wil overigens niet zeggen dat er geen gekkedierenhuizen zouden zijn. Die zijn er juist volop: dierentuinen, legbatterijen, varkensfokkerijen. Krankzinnige kippen pikken er elkaar kaal, gekke koeien laten zich hun kalveren afpakken zonder slag of stoot, autistische gorilla's worden door schoolreisjes aangestaard. Een krankzinnige omgeving leidt tot krankzinnig gedrag.

Nu u begrijpt waarom dierentuinen zoveel van gekkenhuizen weghebben, is het nog maar een stap om in te zien waarom zoveel gekkenhuizen zo op dierentuinen lijken.

De kleine kat

Als God in staat is zoiets magnifieks als een poes te scheppen, wat moest Hij dan nog met de hond? Of met de mens? Waartoe zijn wij op aarde?

Het punt is dat ook God niet heksen kan. Hij kan niet alles in Zijn eentje. Wat schiet je ermee op om God te zijn als er niemand is om in je te geloven? In hoeverre besta je als er niemand in je bestaan gelooft? Vandaar de schepping van de gelovige. Sindsdien laat God zich dag in dag uit loven en prijzen door Zijn eigengemaakte schepselen. Maar die willen ook wel eens geloofd en geprezen worden. Vandaar de uitvinding van de hond.

Als de hond in een god gelooft, heeft die god twee benen, tien vingers en een blikopener. Wat wij de hond z'n trouw noemen, is zijn geloof, zijn kwispelen is zijn eredienst en zijn baasje is zijn god. Ons huis is zijn tempel.

Poezen zijn zo mogelijk nog religieuzer. Ze houden er een uitgebreide liturgie op na. In tegenstelling tot die van de hond heeft hun god echter vier benen, een staart en twee ogen die in de schemer geheimzinnig lichten. Poezen zijn hun eigen god. Ons huis is ook hun tempel, maar ditmaal zijn de tempelbouwers de gelovigen. Eerbiedig schikken zij zich in de wensen van hun kat. Een goddelijk schepsel, dat zie je zo.

Hoe schep je een kat? Uiteraard met behulp van de fijnste materialen: amber, Vlaamse kant, mirre, de manen van een jonge eenhoorn en voor het tongetje door Kantonese maagden geweven brokaat. Voor de ogen komen alleen de zuiverste edelstenen in aanmerking, de snorharen volgen de allerlaatste Stealth-technologie. Dat alles verwerkt in een onwaarschijnlijk klein en soepel lijfje, want de scheidslijn in de familie van de katten wordt getrokken op grond van het formaat.

Zoals de grote cetaceeën walvis heten en de kleine dolfijn, zo vallen de katachtigen in de onderfamilies van de grote en de kleine katten uiteen. Tot de grote behoren, behalve de leeuw en de tijger, de panter en de luipaard; van de kleine zijn naast de huiskat en de ocelot nog ruim dertig soorten bekend. Het verschil in grootte valt met andere kenmerken samen. Zo knijpen de grote katten hun ogen niet tot een spleetje maar tot een schijfje samen, waardoor ze er opeens lang niet meer zo katachtig uitzien. Het duidelijkst is het verschil tussen de grote en de kleine katachtigen te horen. De grote brullen, de kleine niet. Dat heeft met de bouw van het tongbeen te maken. Daar zit bij grote katten een elastisch stuk in dat bij de kleine ontbreekt. Als om het gemis van het brullen te compenseren, kunnen kleine katten zowel bij het inademen als het uitademen spinnen; grote katten kunnen dat alleen bij de uitademing.

De kracht van de huiskat zit 'm erin dat de Schepper de schoonheid en de souplesse van de grote katten in zo'n kleine kat heeft samengebald. Zoals in gedestilleerd de alcohol en in een Spaanse peper de hitte, is in een poes de katachtigheid sterk geconcentreerd. Een poes is voor een minnaar wat een borrel is voor een drinker, een Spaanse peper voor een Thai. Enige voorzichtigheid is dan ook geboden. Sla je de liefde voor een hond als een pul bier achterover, aan een poes moet je leren nippen.

De huiskat

Niets is zo erg, schreef Rudy Kousbroek, als de weg weten in een huis dat niet meer bestaat. Of het erger is, weet ik niet zeker, maar óók erg is in ieder geval de weg weten in een stuk natuur dat verloren is gegaan: linksaf bij die beuk die weg is, over dat rulle stuk zand waar nu dat huis staat of zelfs maar langs zo'n vergeten stukje niks dat even liefderijk als onnadenkend tot heemtuin is verpest. Kousbroek schrijft daar niet over omdat hij niet zo'n hoge pet op heeft van de natuur, waarin volgens hem steeds maar weer hetzelfde gebeurt; voor hem is de natuur een kapot televisietoestel.

Wij natuurliefhebbers weten beter. In de natuur is altijd iets te beleven: Staatsbosbeheer legt er op het mooiste plekje een parkeerterrein aan, tamme fazanten wijken er voor tamme koeien en in plaats van broedparen kun je er tegenwoordig het aantal biologen per hectare tellen. Waar eens de natuurlijke selectie regeerde, regeert nu veelal de waan van de dag. Dat is vervelend voor de mensen, maar vooral toch voor de dieren die er moeten leven.

Voor de kat is ons huis de natuur. Veranderingen in het interieur worden door katten dan ook niet op prijs gesteld. Ze houden sowieso niet van veranderingen; een rechtgeaarde kat stemt VVD – of erger. De schemerlamp van de ene in de andere hoek zetten, is voor een poes een onbegrijpelijke daad, qua onmogelijkheid slechts te vergelijken met bomen die in hun bos opeens van plaats verwisselen. Waar moet dat heen, als de wereld om je heen steeds maar verandert? Het heeft poes moeite genoeg gekost om zijn huis te leren kennen, vanuit een wijkplaats boven op een kast of veilig onder een leunstoel, stapje voor stapje ons huis inlijvend tot het zijne, elke stoelpoot gemarkeerd met luchtjes uit zijn kopjesgeefklieren of, in weerbarstiger gevallen, zijn blaas.

Regelmatig wordt de kwaliteit van deze geurposten gecontroleerd met maar liefst twee neuzen: de gewone neus op de snuit en een hulpneus in de bek, op het verhemelte. Mensen bezitten zo'n hulpneus – het orgaan van Jacobson – alleen als embryo, wat onze communicatie met het poezenwezen niet bevordert, maar ons domme gezichten bespaart. Nimmer kijkt een poes immers stompzinniger, scheler en ontroerender dan wanneer hij gekke bekken trekkend interessante luchtjes zijn hulpneus inwerkt. Dat hij dit gebrek aan waardigheid voor lief neemt, onderstreept het belang dat een poes eraan hecht dat alles op zijn plaats staat. Hoe reëel dat belang is, blijkt wanneer je buiten zijn medeweten een tafeltje hebt weggezet net nu hij in een van zijn opwellingen met een noodgang door de kamer stuift in de vaste overtuiging dat alle *stepping stones* zijn waar ze horen. Dan kun je lachen.

Buitenshuis markeren de dieren niet minder hardnekkig. Honden beplassen overdag de palen die wij 's nachts als lantaarn gebruiken en nijlpaarden sproeien als een levende giertank hun poep rond met hun snel roterend staartje, wat vooral in dierentuinen, de bezoekers er net iets te dicht omheen, een grappig gezicht oplevert.

Wie, door het voorjaar of de waan van de dag gedreven, met tafels, stoelen en kasten gaat sjouwen in een huis met een poes is een dierenbeul. Laat alles toch staan waar het staat; dat is goed voor je poes en puntje bij paaltje ook voor jezelf, je rug inbegrepen. En wat voor het huis als geheel geldt, gaat natuurlijk eens te meer op voor het poezenterritorium der poezenterritoria: onze schoot. Heeft een poes jouw schoot eenmaal verkozen, dan geeft het geen pas zonder redenen van levensbelang op te staan. Niets is voor een poes zo erg als de weg weten in een schoot die niet meer bestaat, omdat hij opeens twee bovenbenen is geworden.

De smeerpoes

Na het servies vond de mens de afwas uit. Eten dat op bord of bestek is achtergebleven, wordt door het afwasmiddel alsnog opgegeten en het spijsverteringsstelsel van de riolering in gespoeld. Bord en bestek zijn dan weer klaar voor een nieuwe maaltijd, een nieuwe afwasbeurt.

Dieren wassen niet af. Ze hebben geen bestek. Nergens voor nodig. Hun tanden zijn hun mes, hun voorpoten hun vork, hun tong hun lepel. Bestek tussen jezelf en je eten in is echt iets voor een mens, net als zo'n papieren omslag tussen jezelf en je boek of een tafellaken tussen mens en tafel. Een papieren omslag beschermt de linnen prachtband tegen beschadiging, met het gevolg dat iedereen tegen een boekenkast vol gescheurd papier aankijkt; een tafellaken beschermt de tafel, maar maak je je vlekken netjes in dat laken, is het weer niet goed. En ook je handen onder het eten schoonhouden met kunsthandjes die je vervolgens schoon moet maken, lost niets op.

Een poes is wijzer. In plaats van bestek heeft een poes een zeer begerenswaardig tongetje, een delicaat driehoekje, signaalrood, dat in rust als in een schrijn is weggeborgen en bij het af en toe naar buiten flitsen een chic soort wellust uitstraalt. Vergeleken bij deze *haute couture* onder de afwasdoekjes is de smakeloze dweil die uit een hond hangt meer geschikt voor baggerwerkzaamheden; een lebber van een hond is de enige wasbeurt waar je je smeriger van voelt.

Met zijn pronte tongetje eet een poes en houdt hij zich schoon. Een poes is zijn eigen afwas. Geef je hem zijn eten op een bordje, dan wast hij dit mee af, als gootsteen dient de kat zelf.

Ook drinken doet hij met zijn tong. Hij vouwt er een soort lepel van om de vloeistof over te hevelen in de mond, die kennelijk vier à vijf keer groter is, want er gaan vier à vijf likken in één slik. Jonge poesjes dopen hun hele snoetje in het vocht en likken dat dan af; later pas leren ze hoe deze omweg kan worden vermeden.

Veel hoeft een poes overigens niet te drinken. Omdat hij zijn tong niet als een hond ter verdamping buiten hangt, noch elke boom of pantalon besproeit, verliest een poes nauwelijks water en hoeft hij dus ook nauwelijks bij te tanken. In een kat zit zeventig procent water, in kattenvoer uit blik tachtig, dus dat is eigenlijk al genoeg. Toch schrijft elk poezenhandboek voor, en terecht, om steeds een bakje schoon, vers water klaar te zetten. En inderdaad, voegt het boek van Barbara Holland hieraan toe, 'soms, als er nergens rotte margrieten in een geschikte vaas staan te stinken, er geen modderpoeltjes, lekke kranen, natte badkuipen of whiskyglazen met halfgesmolten ijs te vinden zijn en iemand de wc-bril omlaag heeft gedaan, moeten ze er nog van drinken ook'.

Nooit zul je ze begrijpen, poezen, maar dorst krijg je er wel van, zo smakelijk als ze uit een vaas staan te lebberen. Dus schenk je voor jezelf een glas water in met kleur- en smaakstof, conserveringsmiddel en veel, heel veel suiker. Frisdrank heet dat. Na afloop hoef je alleen het glas in vet sop, goed heet, af te wassen.

Arie

Arie is dood. Ze was pas vijftien. Iets met haar nieren of zo. Op het laatst woog ze nog maar twee kilo.

Dat Arie dood is, is heel erg. Ik ben een liefhebber van poezen, maar bovenal toch ben ik een Arieliefhebber. Arie was de poes der poezen. Het vak van poes verstond ze tot in de puntjes. Ze wist hoe ze mooi moest wezen en hoe ze wijs moest zijn. Niet dat ze ijskasten kon openen of zo; dat bijdehante gedoe vond ze nergens voor nodig. IJskasten openmaken, daar had ze ons voor. Zonder enige ophef of een schijn van misbaar wist ze altijd haar doel te bereiken en bereikte ze het eens niet, dan was het zeker haar doel niet geweest.

Arie was gek op publiciteit. Fotografen of filmers hadden hun camera nog niet opgesteld of Arie had zich al tussen de lens en mij gewurmd. De laatste jaren wist ze me steeds meer naar de achtergrond te verdringen. Die middelbare man daar in de schaduw, dat ben ik. Hoogtepunt voor Arie was het staatsieportret door Pim Westerweel, in een boekje over bekende Nederlanders en hun katten dat volgens Arie over bekende katten en hun Nederlanders ging. De dag na haar dood stond ze nog met haar foto in de Belgische krant *De Standaard*. Zelf lag ze toen al een meter diep in de tuin. Daar hebben we haar met gepaste pijn en nijd aan de aarde toevertrouwd. De Here heeft gegeven, de Here heeft genomen, de Here kan de pest krijgen.

Je lieveling lijkstijf uitgestrekt, de staart voller dan ooit in leven, het kopje devoot afgewend, het is een beeld om nooit te vergeten, maar aangrijpender nog werd het na de eerste schep aarde. Heel haar leven had Arie elke ongerechtigheid uit haar vacht gepoetst en nu dit. Voor altijd zal ik de oortjes blijven zien, die als enige nog boven het eerste laagje aarde uitstaken, als de handjes van een verdrinkend kind. Voor ik me ervan bewust was, had ik de tweede schop aarde er al achteraan geworpen. Ik voelde me alsof ik een drenkeling een emmer water toesmeet. Godzijdank kwam er geen protest uit het grafje. De lieve oortjes waren dode lieve oortjes.

Die nacht nog had Arie haar sterven omgeroepen, liggend op de keukenvloer, een paar keer, met lange mauwen zoals ik die nog nooit van haar gehoord had. Het ging door merg en been, het mauwen zelf, maar ook de gedachte dat een wezen zijn leven lang met een geluid rondloopt dat pas bij het naderen van zijn dood van pas komt. Al is het maar even nodig, op de valreep, toch is er een apart toetertje voor ingebouwd. Volgens al mijn kattenboeken is een mauw van meer dan een seconde, bij een toonhoogte van 700 à 800 hertz altijd een groet. Maar wie in godsnaam mag de gegroete wezen? Ziet een poes in zijn laatste roes zijn schepper? Voor mij klonk het mauwen nog het meest als 'Mijn God, Mijn God! waarom hebt Gij Mij verlaten?'

Was ik tijdens haar leven al jaloers op Arie, hoe ze zonder een poot uit te steken gelukkig kon zijn, haar manier van sterven lijkt me ook wel. In enkele dagen had ze zich totaal onthecht. Eten of drinken interesseerde haar niet meer. Aaien was toegestaan. Dit was versterven op z'n best. Er bleef gewoon steeds minder Arie over, tot ze op was. Maar haar waardigheid heeft ze geen moment verloren. Poes tot in de dood.

Dag lieve Arie.